스웨덴 라떼파파

아빠가 육아하는 진짜 이유

스웨덴 라떼파파

아빠가 육아하는 진짜 이유

김건 지음

꾸리에

육아휴직 중인 아빠가 육아책을 쓰겠다고 육아에 소홀했습니다.
이 모순된 상황을 이해해주고 아빠를 응원해준 이안이, 이나,
그리고 아내 최보윤에게
이 책을 바칩니다.

• 일러두기

본문에 출처를 따로 표시하지 않은 사진들은 imagebank.sweden.se와 저자 개인의 사진들이다.

"스웨덴에 살고 계셔서 정말 좋으시겠어요." 한국에서 나를 소개할 때 흔히 듣는 말이다. 2005년 교환학생 신분으로 같은 북유럽 국가인 노르웨이에 가기 전에, 당시 주변 지인들은 대체로 "왜 거기를 가?"라는 반응을 보였다. 북유럽이 정확히 어디에 있는지 잘 모르는 친구도 있었다. 하지만 스웨덴은 이제 한국인에게 핫hot한 나라다. 세계 최대 가구 생산유통업체인 이케아IKEA, 트렌디하면서도 저렴하기로 유명한 패션 브랜드 에이치엔엠H&M, 탱크 같은 튼튼함과 특유의 세련미로 최근 한국에서 인지도가 높아진 자동차 브랜드 볼보Volvo까지, 요새 한국인에게 호감을 주는 스웨덴 기업들이 부쩍 늘었다. 북유럽 국가에 대한 한국인의 호감은 몇몇 기업들로만 국한되지 않는다. 복지국가로 명성이 높은 선망의 대상이 되는 나라다. 의료, 교육, 연금, 실업, 보육 등 사회안전망이 되어야 할 복지제도가 한국에서는 제 역할을 다하지 못하는 상황에서 방송과 기타 매체를 통해 비춰지는 스웨덴을 비롯한 북유럽 국가들의 모습은 당장이라도 이민을 떠나고 싶은 지상낙원이다. 그래서인지 내가 한국에서 만난 사람들은 스웨덴에서 왔다는 말에 우선 호감부터 보이면서 정말로 그렇게 살기 좋은 곳인지 다시 묻곤 한다. 방송으로 접하는 북유럽의 모습과 실제 생활이 똑같은지 궁금한 모양이다.

2009년 노르웨이에서 학업을 마치고 곧장 스웨덴에서 직장을 구하게 되었다. 그런 연유로 스톡홀름에 정착한 지 올해로 벌써 10년이 됐다. 시작하면 끝도 없을 것 같은 스웨덴 복지 이야기 중에 이 책은 육아, 그중에서도 특히 '아빠의 육아'에 초점을 맞추고 있다. 왜냐하면 이것이 바로 스웨덴에서 아이 둘을 키우고 있는 나의 현재진행형 일상이기 때문이다. 한국에서 아이 키우는 일이 쉽다고 말하는 사람은 거의 없다. 독박육아에 대한 부담, 육아로 인한 가정불화, 직장 내 경력 단절, 경제적 부담, 사교육 부담, 유치원 배정 문제 등 그 이유를 다 꼽자면 손가락이 모자랄 지경이다. 상황이 그렇기에 우리는 이렇게 묻고 싶다. 엄마와 아빠의 역할 구분 없이 함께 육아에 참여하는 사회, 육아휴직 사용으로 인한 직장 내 압박이나 경력 단절의 우려가 없는 사회, 국가가 마련한 복지 혜택 덕분에 경제적 부담 없이 아이를 양육할 수 있는 사회, 우리가 꿈꾸고 싶은 그런 사회는 이 세상에 과연 존재하기나 하는 걸까?

여기 스웨덴이라는 나라가 있다. 이 나라의 거의 모든 남성들은 육아휴직 경험이 있다. 실제로 육아휴직 수당 신청자의 성비를 보면 남자가 45% 여자가 55%로 남녀 간의 차이가 거의 없다.[1] 육아하는 아빠의 모습이 흔한 지 오래다. 한 손에 카페라떼를 들고 다른 한 손에 유모차 핸

---

1. Försäkringskassan(Swedish Social Insurance Agency), Social Insurance in Figures 2018, 2018

들을 잡은 일명 '라떼파파latte-papa'가 거리에 넘친다. 이런 모습은 북유럽을 제외한 다른 서구권 국가에서도 결코 흔하지 않다. 한낮에 함께 길을 걷는 라떼파파들의 모습을 본 미국 관광객들이 '도심에 행복한 게이 커플들이 많아 보인다'고 오해할 정도다. 직장 상사가 육아휴직 때문에 직원에게 눈치를 주는 것은 상상할 수도 없는 일이고, 국가가 지원하는 육아수당에 더해 보조 육아수당을 자발적으로 지원하는 착한 직상이 있는 나라가 바로 스웨덴이다. 이런 이유 때문인지 스웨덴 여성 한 명이 출산하는 아이의 수는 평균 1.9명으로 유럽 평균 1.6명, 한국 1.2명에 비해 월등히 높다.[2] 또한 스웨덴은 '일과 생활의 균형Work-Life Balance'을 나타내는 지수가 OCED 회원국 안에서도 최상위권에 속한다.[3] 최하위권인 한국과 대조된다. 언뜻 들으면 지상낙원과도 같은 이곳이 어쩌면 우리가 꿈꾸는 곳일지도 모른다. 그래서 더욱 알고 싶어진다. 무엇이 이런 사회를 가능하게 했는지, 이런 환경 속에서 자라는 아이와 부모의 삶은 어떤 모습일지, 그리고 이 나라에 사는 부모에게도 고민이란 게 있을지 궁금하다.

스웨덴에 오기 전 나의 육아에 대한 인식은 내 나이 또래 한국 남성들과 크게 다르지 않았다. 아니, 어쩌면 육아에 대한 인식 자체가 없었는지도 모른다. 하지만 스웨덴에서 아빠의 주도적인 육아 참여는 너무나 당연한 일이었다. 스웨덴의 사회적 분위기와 아내의 요구에 따라 나는 스웨덴

2. OECD(2018), Fertility rates(indicator)

3. OCED(2018), Better Life Index, Work-Life Balance, http://www.oecdbetterlifeindex.org/topics/work-life-balance

에서 두 아이를 키우는 동안 총 2년 가까이 육아휴직을 썼고 지금도 아내와 함께 일과 육아를 병행하고 있다. 나는 우리 가족이 이곳 스웨덴에서 겪은 지난 10년간의 경험을 토대로 '스웨덴 아빠 육아'의 실상을 한국 독자들에게 소개하고자 한다. 나 또한 이 책을 쓰면서 다른 나라와 달리 스웨덴 아빠가 육아에 참여하는 원동력은 무엇인지, 참여할 수밖에 없는 사회적 분위기는 어디에서 비롯되는지를 고민해 볼 수 있는 시간을 가졌다. 스웨덴이었기에 가능했던 따뜻하고 감동을 자아내는 이야기부터 스웨덴이 아니었다면 겪지 않았을 불편하고 억울한 이야기도 가감 없이 담고자 했다. 또한 TV나 기타 매체를 통해 북유럽이 소개될 때 다뤄지지 않는 스웨덴 육아의 그늘진 부분도 함께 이야기하고자 했다. 둘째 아이가 막 태어났을 때 첫째 아이의 한국말 습득을 위해 온 가족이 한국에서 1년간 생활했다. 이 경험을 바탕으로 스웨덴 육아와 한국 육아를 비교해 볼 수 있었다. 아직은 육아가 생소한 한국 아빠들에게 스웨덴의 예는 일종의 지침서가 될 수 있다.

예전과 비교하면 아빠들의 가사 참여도가 높아진 것은 사실이다. 하지만 아빠는 밖에서 돈을 벌고 엄마는 집에서 애를 보는 전통적 남녀 역할 구분은 예전과 크게 달라지지 않았다. 한국 아빠들이 육아에 참여하기 위해서는 선행되어야 할 조건들이 있다. 육아지원 제도도 필요하고 양육 환경도 개선되어야 한다. 하지만 가장 중요한 것은 바로 우리들의 생각이다. 아빠의 육아 참여는 엄마와 아이, 그리고 아이를 대신 돌보는 조부모님을 위해서도 필요하겠지만 가장 큰 수혜자는 바로 아빠 본인이라는 점을 이 책을 읽는 독자는 공감해주길 바란다.

한편으로는 이 책이 한국이 가지고 있는 육아 정책의 문제점을 지적하고 개선책 마련을 위한 참고 자료로 활용되길 바란다. 한국이 저출산 국가라는 것에는 이견이 없다. 하지만 미래 국가 경제를 위해 국가가 출산을 장려해야 한다는 의견에는 딱히 동의하지 않는다. 마땅한 대책도 없이 애국심으로 아이를 많이 낳으라는 일부 정치인들의 주장은 정말 어처구니가 없다. 축산업자의 이득을 위해 축사에 있는 돼지가 새끼를 많이 낳아야 한다는 말과 별반 다르지 않기 때문이다. 시야를 국경 밖으로 넓혀보면 미래 경제 인구에 대해 반드시 회의적인 시각만 있는 것도 아니다. 지구촌 인구는 해마다 증가하고 있다. 또한 가속되는 세계화로 국경의 의미는 점차 흐려지고 있다. 한국이 국제 사회의 일원으로 그 역할을 다 한다면 경제 인구를 한국 내로 한정할 것이 아니라 국가 간 유동 경제 인구 또는 이민 노동력도 충분히 생각해볼 만하다. 이는 논외로 하더라도 실효성 있는 육아지원 대책이 마련되어 매년 한국에 태어나는 40만 명에 이르는 소중한 새 생명들이 행복으로 가득 찬 가정에서 자랄 수 있기를 희망한다.

2019년 2월. 김건

1장

스웨덴 아빠가 육아하는 진짜 이유

출산 과정

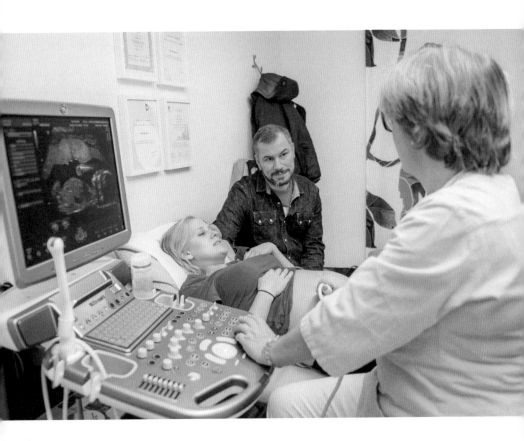

스웨덴에 처음 왔을 때 정착하는 데 필요한 많은 것들을 도와준 고마운 친구가 있다. 그 친구의 생일을 축하하려고 금요일 저녁 스톡홀름 시내에 위치한 한인 식당을 찾았다. 그곳에서 나는 눈에 띄는 한 사람을 만났다. 한국 기업의 북유럽 법인에서 근무하던 한국인이었다. 그녀는 노래방에서 평소 내가 좋아하는 노래들을 선곡했다. 우리는 첫 만남에서 듀엣으로 노래를 불렀고 얼마 지나지 않아 커플이 되었다. 그리고 2년 뒤우리는 결혼을 했다. 결혼식을 올리고 아내는 곧장 영국으로 유학을 떠났다. 1년 반의 시간이 지나고 아내는 공부를 끝냈다. 스웨덴에서 재결합한 우리는 아이를 원했다.

며칠 뒤 평소 친하게 지내던 동료가 내게 선물 꾸러미 하나를 가지고왔다. 아이를 갖기로 한 결심을 축하해주기 위해서란다. 꾸러미를 열어보니 임신 테스트기가 잔뜩 들어 있었다. 사연을 들어보니 동료는 아이를가지려고 꽤 오랜 시간을 기다려야 했단다. 매달 사용하는 임신 테스트기 비용도 만만치 않아서 아마존에서 대량 구매했는데 며칠 뒤에 임신이됐단다. 이 꾸러미를 받은 사람은 바로 임신할 수 있는 걸까? 2주 뒤 우리는 임신 사실을 확인했다. 나는 아빠가 된다는 사실을 실감하기 어려웠다. 우리는 새 가족을 맞이할 준비가 필요했다.

1. 출산 준비

•조산사

임신 사실을 확인한 후 우리는 한 달에 한 번씩 조산사를 만나 산모와 아이의 건강 상태를 확인했다. 나는 스웨덴에 와서 조산사라는 직업을 처음 알게 됐다. 스웨덴 말로는 '반모쉬까Barnmorska'라고 부르는데 다소 생소하게 들린다. 우리에게는 '산파'라는 단어로 더 익숙한 조산사는 출산을 돕는 일 외에도 출산 전후 산모와 신생아의 건강을 주도적으로 책임지는 역할을 맡는다. 따라서 스웨덴에서 조산사는 일반 간호사와 구별되는 전문 의료인이다. 실제로 한국에서는 조산사를 찾아보기가 어려운데, 그도 그럴 것이 조산사 면허를 취득하는 사람이 한 해에 16명밖에 되지 않기 때문이다.[4] 조산사는 아이의 심장박동을 귀로만 듣고 이상 유무를 파악했다. 초음파 검사는 하지 않았다. 아내가 빈혈이 있어 채혈한 것이 전부였다. 대신 상담 시간은 길었다. 한 번 방문하면 대략 20~30분 동안 이야기를 나누었다. 조산사는 태아의 건강도 확인했지만 산모의 건강 특히 산모의 심리 상태를 면밀히 관찰하기 위해 산모의 이야기를 최대한 많이 들으려 했다.

첫 아이였던 터라 우리는 궁금한 것도 많았고 걱정되는 것도 많았다.

---

4. 약업닷컴, 응시자 16명뿐인 조산사 시험, 비용은 1억7천만원, 2017-10-18

책이나 웹 검색을 통해 모든 해답을 찾을 수는 없었기에 우리는 친절한 조산사에게 여러 질문을 쏟아냈다. 질문 중에는 대답이 불분명한 것도 있었다. 예를 들어 "임신 중에 라면 같은 인스턴트 음식을 먹어도 되나요?", 또는 "임신 3개월 차에 비행기를 타도 되나요?"와 같은 것들이다. 그럴 때마다 조산사는 이렇게 말했다.

"몸이 시키는 대로 따르세요."(Listen to your body.)

대개 한국 의사 같으면 "조심해서 나쁠 건 없죠"라고 대답했을 텐데 스웨덴 조산사는 답변에 신중을 기하며 산모 본인의 판단을 믿으라고 했다. 집에 돌아오는 길에 아내와 나는 조산사의 답이 만족스럽지 못해 투덜거렸다. 본인이 판단하기 어렵기 때문에 전문가의 조언을 따르고 싶어 물어본 것인데 답변으로 돌아온 말이 본인의 판단을 믿으라니…… 어쩌면 조산사는 자기가 대답할 수 없는 모든 질문을 그 답변 하나로 해결하고 있을지도 모른다는 생각이 들었다. 일종의 치트키cheat key처럼 말이다.

하지만 나중에 생각하니 왜 조산사가 이런 답변을 내놓았는지 이해할 수 있었다. 사실 이런 구체적인 상황 하나하나에 딱 들어맞는 연구 결과가 있을 리 만무하다. 자료가 없으니 신뢰할 만한 정답이란 게 있을 리가 없다. 이러한 상황에서 조산사는 본인의 경험을 근거로 넘겨짚거나 나중에 문제가 될 것을 염려해서 무작정 조심하라는 답변을 내놓지 않았다. 대신 솔직하게 정확한 답은 없으니 본인이 내키지 않으면 하지 말라고 조언한 것이다. 또한 본인의 건강 상태를 스스로 점검하고 주의하는 습관을 지니는 것은 산모에게도 좋은 일이다. 스웨덴식 충고를 이해하는데는 시간이 걸리긴 했지만 적응하면 그 안에서 지혜를 얻을 수 있었다.

스웨덴에서는 산부인과 전문의가 담당할 일들을 조산사가 대신한다. 출산 전, 분만, 출산 이후까지의 전 과정을 조산사가 참여하고 주도하기 때문에 산모가 별다른 특이사항이 없는 한 산부인과 전문의를 만나볼 기회가 몇 번 되지 않는다. 이처럼 한국과 판이하게 다른 이유는 의료 체계의 차이에서 비롯된다. 스웨덴 의료 체계는 공공의료를 기본으로 하기 때문에 활용 가능한 의료 비용이 정해져 있으며, 효율적인 인력 배치로 국민 건강을 증진하는 것을 목표로 한다. 환자가 산부인과 전문의를 한 번 방문할 때 지출되는 비용은 조산사를 한 번 방문할 때보다 두 배 가까이 비싸다.[5] 따라서 일반 진료나 상담은 조산사가 담당하고 면밀한 진찰이 필요한 경우에 산부인과 전문의가 담당한다. 환자 입장에서야 조금이라도 전문성이 높은 산부인과 전문의를 항상 만날 수 있으면 좋겠지만, 그게 가능하지 않다면 조산사도 그리 나쁘지 않은 차선책이다. 산부인과 전문의에 비해 조산사의 수가 상대적으로 많고 일반 진료만을 대상으로 하기 때문에 산모는 시간에 쫓기지 않고 조산사와 인간적인 유대 관계를 쌓으며 따뜻한 상담을 받을 수 있다. 우리 부부가 정기검진 때 검사하는 시간을 제외하고도 조산사와 보통 20분 넘게 이야기를 나눌 수 있던 것도 바로 이러한 이유에서였다. 우리 경험에 비추어 보자면 조산사의 전

---

5. Södra Regionvårdsnämnden, REGIONALA PRISER OCH ERSÄTTNINGAR FÖR SÖDRA SJUKVÅRDSREGIONEN, 2017

문성이 산부인과 전문의에 비해 크게 떨어진다고 볼 수만도 없었다. 조산사가 담당하는 진료의 범위는 소소한 심리 상담에서부터 의학적 자문까지 포함되어 있었다.

한국은 스웨덴과 정반대다. 실력 있고 평판 좋은 산부인과 전문의를 얼마든지 만날 수 있다. 대신 환자를 놓고 여러 산부인과 전문의들이 경쟁하는 상황에서 조산사가 설 자리는 없다. 단, 전문의를 만나 이야기를 나눌 시간은 몇 분이 채 주어지지 않는다. 나는 한국 전문의들의 의학 지식이나 환자를 치료하는 실력이 세계 어느 나라와 견주어도 결코 손색이 없다고 생각한다. 하지만 이런 귀한 고급인력들이 식당에서 점심시간에 바쁘게 테이블 회전율을 올리듯 최대한 많은 환자에게 최대한 많은 검사와 치료를 받게 해야 하는 구조가 문제다. 그 과정에서 불어나는 진료비는 결국 산모와 가족에게 경제적 부담으로 돌아오기 때문이다.

• 초음파 검사

스웨덴에서 초음파 검사는 임신 기간을 통틀어 1~2회 받는 것이 보통이다. 대신 조산사는 산모에게 묻고, 산모를 배를 만지고, 간단한 장비를 활용해 태아의 심장박동을 듣고 태아의 건강 상태를 확인한다. 이런 간단한 문진을 통해 추가적 검사가 필요하다고 판단되면 그때 초음파 검사를 진행한다. 첫 아이의 경우 조산사가 정기검진을 통해 태반이 일반적인 경우보다 조금 아래에 위치해 있다고 판단했다. 며칠 뒤 산부인과 전문의와 초음파 검사를 진행했지만 다행히 문제는 발견되지 않았다. 한국에는 3D 초음파로 출생 전에 아이 얼굴의 생김새까지 알 수 있다고 하던데 스웨덴에서는 그런 고급 장비는 볼 수 없었다. 대신 초음파 검사 비용이 전혀 들지 않는다. 임신에서 출산까지 이르는 과정에서 일체의 진료비를 국민건강보험이 감당하기 때문에, 환자가 부담해야 할 본인 부담금은 전혀 없었다. 예외적으로 딱 한 번 돈을 냈는데, 초음파 사진을 출력하는 데 40크로나(약 5천 원)를 지불한 것이 전부다.

스웨덴에는 초음파 검사와 관련되어 재미있는 문화가 한 가지 있다. 꽤 많은 부모들이 (이해를 돕기 위해 대략 30~40%라고 해두자) 초음파 검사 중에 알게 되는 아이의 성별을 알려고 하지 않는다. 출산 때 성별을 알게 되는 것을 일종의 '깜짝 선물'로 여기기 때문이다. 성별을 모르기 때문에 이름도 미리 지을 수 없다. 성별을 알아도 이름 짓는 것을 출산 후로 미루는 부모도 많다. 아이를 실제로 만나봐야 아이에게 어울리는 이름을 지어줄 수 있다는 이유에서다. 친한 직장 동료는 아이가 태어난 지 한 달이 넘었는데도 이름을 결정하지 못하고 있었다. 그저 '애기'라고 밖에 부를 수 없는 상황에 동료의 부모님이 크게 화를 내었다는 시트콤에서나 나올 법한 이야기를 들은 적이 있다. 이곳 스웨덴에도 세대 간 사고의 차이는 다양한 모습으로 존재하는 듯하다.

한국 산모들은 초음파 검사를 평균 7.5회 받는데 이는 스웨덴뿐만 아니라 다른 나라에 비해서도 월등히 높은 횟수다.[6] 한국에는 노산이 많아서 유독 검사를 많이 하는 걸까? 그렇지 않다. 첫 출산 시 산모의 평균 연령은 스웨덴이 29.1세, 한국이 31.2세로 큰 차이가 없다.[7,8] 문제는 초음파 검사가 한국 부모들이 체감하는 출산 및 육아로 인한 경제적 부담에 한몫을 차지한다는 점이다.[9] 최근 출산장려 정책의 일환으로 정부는 출산을 앞둔 모든 여성에게 고운맘카드를 지급하고 있다. 이 카드로 지원받는 50만 원이란 돈은 임신 초기부터 한 달이 멀다 하고 받는 초음파 검사와 그 밖의 각종 검사를 받다 보면 몇 달 안에 금세 없어진다.[9] 이런 경제적 부담 때문에 엄마는 육아를 돕지 않는 남편이 미워도 혹시라도 남편 직장 생활에 문제가 생길까 두려워 독박육아를 감내할 수밖에 없다.

최근 비급여로 분류되던 초음파 검사가 급여 항목에 포함된다는 반가운 소식이 있었지만, 이것 하나로 출산을 앞둔 부모들의 경제적 부담이 얼마나 줄어들 수 있을지는 여전히 의문이다. 한국 의료 체계가 가진 구조적인 문제는 개선되고 있지 않기 때문이다. 한국의 의료 시설은 대부분 민간 병원이고, 이들 병원의 수입은 의료 행위를 하면 할수록 늘어난다. 따라서 환자를 많이 보고 검사를 많이 할수록 병원에 유리하다. 또한 비급여 진료가 많아야 병원 수익이 높아진다. 급여의 적정성 문제는 의료산업 관계자가 아닌 일반인도 한번쯤은 들어봤을 정부와 의료계 간

6. 한겨레, '한국 엄마들 초음파검사 횟수가 두 배인 이유', 2017-04-07
7. EuroStat 2015, https://ec.europa.eu/eurostat
8. 통계청, 2015년 출생·사망통계(잠정)
9. 독서신문, 엄마들 85% '아이 키우기 어렵다'…… 출산·육아 비용 때문, 2013-01-09

의 해묵은 갈등이다. 이 문제를 해결하는 대신 비급여 진료를 통해 정부와 의료계는 각자의 살길을 찾고 있다. 병원은 마음대로 가격을 책정할 수 있는 비급여 진료를 통해 급여 진료에서 낮아진 수익을 보전한다. 정부는 비급여 진료에 대해서는 보험료를 지급하지 않기 때문에 국민건강보험의 재정을 아낄 수 있다. 결국 비급여 진료로 인한 의료비 부담은 고스란히 환자와 그 가족들이 떠안는다. 국민건강보험이 7년 연속 흑자를 기록한 것이 칭찬받을 일은 아니란 말이다.[10]

스웨덴의 경우, 환자 한 명이 한 질병으로 지불해야 할 병원 진료비는 연간 1,100크로나(약 14만 원)를 넘지 않는다. 이 상한선을 넘는 나머지 비용은 모두 국민건강보험으로 처리된다.[11] 하지만 한국의 경우 병원비가 늘면 병원의 수익만 커질 뿐, 환자를 위한 지원이나 병원에 대한 제재는 존재하지 않는다. 하지만 국민 모두가 의대에 진학할 수는 없기 때문에 환자 개개인이 병원에서 권유하는 진료가 꼭 필요한 것인지 아닌지를 판단하기란 대단히 어렵다. 따라서 환자는 과잉 진료의 위험에 항상 노출되어 있다. 다른 나라보다 월등히 높은 한국 산모들의 초음파 검사는 환자가 곧 '호구'가 되는 상황을 단적으로 보여주는 사례다.

---

10. 중앙일보, 건강보험, 7년 연속 재정 흑자……6년來 최저, 2018-01-07

11. Health Care in Sweden-High-cost ceiling by the Swedish Institute, https://sweden.se/society/health-care-in-sweden

• 출산세미나

산모가 먹는 음식은 엄마가 먹는 게 아니다. 배 속의 아기가 먹는 것이다. 아내는 임신해 있는 기간 동안 살면서 아무런 죄책감 없이 원 없이 먹을 수 있는 유일한 기간으로 여겼다. 하지만 본인이 드라마 속 여주인공처럼 시도 때도 없이 헛구역질을 올리게 될 줄은 몰랐다. 임신 초기 때부터 입덧이 심한 편이었는데 철분제 때문에 메스꺼움은 더욱 심해졌다. 애초 계획과는 달리 딸기와 일부 과일을 제외하고 대부분의 음식을 먹지 못했다. 하지만 배 속의 아기는 용케도 무럭무럭 자랐다. 임신 중기에 들어서고 아내의 배는 하루가 다르게 부풀었다.

여느 때처럼 정기검진을 위해 조산사를 찾았다. 그날 조산사는 우리에게 세미나 하나를 추천했다. 처음 아이를 가지는 부모를 위한 출산세

조산사는 처음 아이를 갖는 우리에게 출산세미나를 권했다. 두 차례에 걸친 교육을 통해 출산과 육아에 대한 현실적인 도움을 얻을 수 있었다. 출처: 단데뤼드 병원 홈페이지.

미나라고 했다. 마침 몇 해 전부터 영어로 진행되는 세미나가 생겼다기에 우리 부부는 흔쾌히 참석하기로 했다. 세미나는 출산과 양육에 관한 주제로 각각 두 차례에 걸쳐 진행되었다.

세미나 장소는 스톡홀름에서 가장 유명한 관광지인 감라스탄Gamlastan에 위치해 있었다. 영어로 진행되는 세미나였기에 스웨덴에 정착한 외국인 부모들이 자리를 메우고 있었다. 마치 세계 각국을 대표한 부모들이 한자리에 모인 듯했다. 산모들은 한결같이 밝은 표정으로 한 손은 아이를 어루만지듯 자신을 배를 쓰다듬고 다른 한 손은 함께 참석한 아이 아빠의 손을 잡고 있었다. 예순을 넘긴 듯한 노 간호사가 방 안에 들어오자 세미나가 시작되었다. 노 간호사는 외모가 주는 예상을 깨고 유창한 영어로 자신을 소개한 뒤 세미나실 가운데로 걸어가 멈춰 섰다. 그 주위로 참석자들이 옹기종기 모여들었다. 화기애애한 분위기 속에서 참석자들은 한 명씩 순서대로 본인을 소개했다. 이날 유일하게 홀로 자리에 참석했던 산모가 본인 소개 중 "남편이 출장 중이라 함께 자리할 수 없었다"고 하자 그 자리에 있던 모두가 안타깝다는 듯 탄식하며 산모를 위로했다. 훈훈한 분위기가 세미나실을 가득 채웠다.

이날 세미나의 모든 내용이 기억나지는 않지만 출산 전후 과정을 상세히 보여주는 영상물은 지금도 기억에 남는다. 내 또래 친구들 같은 평범한 다섯 쌍의 커플이 겪는 임신 과정을 다큐멘터리처럼 그리고 있었다. 마치 영화 속 스토리가 클라이맥스로 치닫듯, 출산일에 가까워질수록 영상을 보는 사람들의 긴장감도 높아갔다. 드디어 출산일이다. 나를 포함한 모두가 침을 꼴깍 삼키며 말없이 화면만 지켜보고 있었다. 남의 일 같지 않았다. 어찌나 출산 장면이 사실적이었는지 남자인 내게도 진통이 느껴지는 것 같았다. 진통 끝에 산모들은 모두 무사히 아이를 출산했다. 이후 영상은 갓난아기가 겪는 열꽃과 같은 피부 병변과 다양한 형태의 대소변을 보여주며 마무리되었다. 내겐 모든 것이 낯설고 신기하기만 했다. 세미나가 끝나고 아내는 출산이 무서워졌다고 했다. 나도 적잖이 충격을 받기는 했지만 한편으로는 우리가 닥치게 될 일이 무엇인지를 알게 된 것 같아 마음이 조금 놓이기도 했다. 그때는 상상할 수도 없었지만 영상에서 보여준 다양한 출산 자세들이 실제로 아내의 출산에 큰 도움을 주었다.

두 번째 세미나는 육아 연습이었다. 예비 부모들이 육아 중에 있을 법한 여러 가지 상황들을 미리 생각해 보고, 이에 대한 대처 방법을 함께 토론하는 시간을 가졌다. 출산 이후 완전히 달라질 우리 삶의 예고편을 보는 듯했다. 새로운 가정에서 새로운 역할을 맡게 될 엄마 아빠가 스스로 준비해 볼 수 있는 좋은 기회였다. 많은 질문과 답변이 오갔다. 그리고 세미나 끝자락에 한 산모가 이렇게 물었다.

산모 주변에 아이를 키우며 힘들어 하는 엄마들을 가끔 봐요. 만약에 아무리 달래도 아이가 울음을 그치지 않으면 어쩌죠? 아니면 엄마가 도저히 감당할 수 없는 상황이 되면 그때 엄마는 어떻게 해야 하죠?

쉽게 답이 떠오르지 않는 어려운 질문이었지만, 우리가 걱정하는 핵심을 찌르는 질문이기도 했다.

노간호사 아이를 키우면서 내가 아이에게 뭔가 잘못하고 있다는 자책감이 들 수 있어요. 그때 엄마 아빠가 꼭 잊지 말아야 할 사실은 이 아이를 세상에서 가장 사랑하는 사람이 부모인 것처럼, 이 아이가 세상에서 가장 사랑하는 사람도 바로 부모라는 점입니다. 아이와 부모 사이의 사랑에 대한 확신 그리고 엄마와 아빠 사이의 사랑에 대한 확신이 흔들리지 않는 한 육아 중 겪게 될 어려운 상황들은 결국엔 다들 극복할 거라고 나는 믿습니다.

당시 나는 노 간호사의 대답을 누구나 할 수 있는 아주 원론적인 이야기로 받아들였다. 하지만 두 아이의 아빠가 된 지금에 와서 육아하며 겪었던 일들을 떠올려보면 이보다 더 좋은 대답을 찾을 수가 없다.

·분만실 예약

출산 예정일이 다가올수록 출산에 대한 걱정과 두려움은 조금씩 커져갔다. 예정일이 두 달 앞으로 다가왔을 때 우리는 출산하게 될 병원을 선택했다. 아이를 낳는다는 일생일대의 사건을 가장 좋은 환경에서 치르고 싶다는 마음은 아마 모든 산모들이 똑같을 것이다. 우리는 만약을 대비해 다양한 진료과목의 전문의가 상시 대기하고 있고 첨단 의료장비를 갖추고 있는 대형 병원 또는 대학 병원을 염두에 두고 있었다. 우리 집 근처에서는 딱 두 곳만 이 조건을 충족했기 때문에 병원 고르는 일은 그다지 어렵지 않았다. 한국과 달리 스웨덴에서는 공공의료시설이 지역별 수요에 따라 배치된다. 따라서 비슷한 기능의 병원들이 한 지역에 몰려 경쟁하는 일은 벌어지지 않는다. 대신 환자가 선택할 수 있는 진료 선택의 폭은 한국에 비해 좁다. 이 두 곳의 병원 중 주변 사람들의 경험과 평판을 바탕으로 한 곳을 택했다.

예정일을 한 달 앞두고 우리는 병원에 사전 답사를 갔다. 정문에서 분만실로 가는 길도 익히고 시설도 둘러봤다. 해당 병원에서 마련한 한 시간짜리 출산관련 세미나도 들었다. 한결 마음이 놓였다. 하지만 진짜 걱정은 따로 있었다. 출산 당일날 우리가 선택한 이 병원에 분만실이 남아 있을 거라는 보장이 없다는 것이었다. 실제로 둘째 아이를 출산할 때 우리가 겪었던 일이다. 우리가 지정한 병원에 남아 있는 분만실이 없어서 차로 30분 거리에 떨어진 병원으로 갈 수밖에 없었다. 조금 떨어진 그 병원의 분만실도 거의 꽉 찼던 터라 조금만 늦게 전화했더라면 차로 한 시간이 걸리는 병원에 갔을지도 모를 일이었다.

스웨덴에 이와 비슷한 유명한 일화가 있다. 2014년 5월, 스톡홀름에 거주하던 한 산모는 인근의 모든 분만실에 자리가 없어서 약 100킬로미터 떨어진 다른 도시의 병원으로 가야만 했다. 초산이라 시간이 그리 촉박하지 않을 거라는 간호사의 말과는 달리 아기는 병원으로 이동 중인 택시 안에서 세상 밖으로 나왔다. 당시 옆에 탑승 중이던 아빠가 병원과 전화를 주고받으며 조산사의 역할을 대신했다. 나를 더 놀라게 했던 것은 이 사건을 받아들이는 당사자들의 태도였다. 신문 기사에 실린 인터뷰 내용에 따르면 산모는 불만을 표시하기는커녕 어려운 상황을 극복할 수 있게 도와준 사람들에게 고마움을 표시하고 있다. 아이의 아빠는 한술 더 떴다. 택시에서 분만을 마친 가족은 병원에 도착하자마자 분만실이 아닌 응급실로 곧장 이송되었는데, 본인의 가족 때문에 응급실에서

인근 지역의 모든 분만실에 자리가 없어서 다른 도시에 병원으로 이동하던 산모가 택시 안에서 출산을 하게 된 이 기막힌 사건은 스웨덴이 자랑하는 무상의료정책의 그늘진 한 단면이다. 출처: https://www.aftonbladet.se/ nyheter/a/jPkVen/deras-son-foddes-i-taxin

대기하던 다른 환자들이 뒤로 밀리게 된 것을 걱정하는 여유(?)마저 보여주었다.[12] 만약 우리 부부에게 이런 일이 벌어졌다면 화가 머리끝까지 치밀었을 텐데 말이다. 스웨덴 사람들이 사회 시스템에 대한 신뢰의 끝을 보여주는 사례다.

상황이 이렇다 보니 산모들은 출산 예정일이 1년 중 가장 출산율이 높은 달과 겹치지 않기를 바란다. 통계에 따르면 여름에 출산율이 대체로 높고, 특히 5월이 가장 높다. 지금 언급한 일화도 5월에 벌어진 일이다. 무상의료를 자랑하면서도 한편으로는 산모들이 분만실이 남아있을까 걱정하는 모습은 육아천국으로 알려진 스웨덴의 아이러니한 모습이 아닐 수 없다.

2. 출산

• 입실 대기

출산 예정일을 며칠 앞둔 토요일 저녁, 평소처럼 친구들과 PC게임을 즐기고 있었다. 시간은 어느새 자정에 가까웠다. 전날 다른 이유로 충분히 잠을 자지 못한 터라 오락을 마치면 얼른 자야겠다고 생각하던 참이었다. 아내가 다급한 목소리로 나를 불렀다. 진통이 시작됐다고 했다. '드디어 올 것이 왔구나!' 내 심장은 오락에 집중할 때보다 더 빠른 속도로

---

12. Aftonbladet, Deras son föddes i taxin, 2014-05-15

쿵쾅거렸다. 일단 사전에 지정한 병원에 전화를 걸어 분만실에 자리가 있는지 확인했다. 다행히 자리는 있었다. 하지만 때가 되지 않았으니 집에서 기다리라고 했다. 전화를 받은 간호사의 가이드라인은 명확했다. 5분 간격으로 30초 이상 진통이 지속되거나, 양수가 터졌거나, 자궁이 4센티미터 이상 벌어졌을 때 병원에 오라는 것이었다. 초산은 준비 시간이 더 오래 걸릴 수도 있다고 덧붙이는 말도 그다지 달갑지 않았다. 출산에 관련된 모든 의료비용이 무료인 나라에서 병원 지침을 따르는 것이 옳겠지만, 첫 아이를 출산하는 부모 입장에선 당장이라도 병원으로 달려가고 싶은 마음이 굴뚝같기 때문이다. 아침 일곱 시가 되어서야 병원 분만실에 입성하기 위한 그놈의 '준비'를 마칠 수 있었다. 뜬눈으로 밤을 지새운다는 건 바로 그런 것이었다. 일요일 아침 이른 시간, 우리는 콜택시를 불러 순식간에 병원 입구에 도착했다. 택시에서 내리자 운전기사는 창문 너머로 이렇게 외쳤다.

"뤼까틸Lyckar till!"('행운을 빌어요'라는 뜻이다.)

병원은 아주 한산했다. 하지만 문제가 생겼다. 몇 주 전 사전 답사차 이 병원에 왔을 때는 지하철역 입구에서부터 들어왔었다. 하지만 택시가 멈춰 선 곳은 전혀 다른 입구였다. 안내 데스크에 물어보니 5분은 걸어가야 한단다. 나는 아내가 미리 싸둔 출산용품 가방과 배부른 아내를 동시에 짊어지고 한 걸음 한 걸음 발을 옮겼다. 걸음걸이가 빠를 리 없었다. 긴 복도를 걸어가 에스컬레이터를 타고, 모퉁이를 돌아 다시 긴 복도를 거쳐 엘리베이터를 타고 또 한참을 다시 걸었다. 기어가는 속도로 걸었다. 이쯤 되니 평소 욕이란 걸 모르고 사는 아내의 입에서 험한 말이 삐져나왔다. 드디어 분만실이 보였다. 택시에서 내린 뒤 20분은 족히 걸린 셈이다.

병실은 깨끗하고 안락했다. 우리의 마음도 조금 풀어졌다. 분만을 하고 분만 후 입원실로 옮길 때까지는 이곳에서 머물게 된다는 간호사의 말에 우리의 마음은 조금 더 풀어졌다.

•분만실

분만실에 들어선 아내는 인터넷 검색에서 분만 전에 알아두어야 할 꿀팁들을 정리했던 것을 생각해냈다.

아내 이제 한동안 샤워를 못하게 될지도 모르니 샤워를 좀 했으면 좋겠어요.

간호사 (잠시 고개를 갸우뚱거리다 병실 안에 마련된 화장실 겸 샤워실을 가리키며) 원하시면 분만을 끝내고 이쪽 샤워실에서 마음껏 샤워하실 수 있어요.

아내 …… (냉기가 들면 안 된다고, 분만하고 샤워하면 안 된다던데, 괜찮은 건가?)

간호사 마실 것 좀 갖다드릴까요? 앞으로 체력 소모가 많을 텐데 주스 같은 당이 든 음료가 좋겠어요. 날도 더운데 시원하게 얼음도 넣어 드릴게요.

아내 찬 걸 마셔도 괜찮을까요?

간호사 6월인데 안 더워요? 원하시면 따뜻한 차나 커피를 가져올 수도 있어요. 혹시 배고프면 샌드위치도 가져올게요.

아내 …… (분만 전에는 금식을 해야 한다고 하던데, 여기는 이것도 다르네.) 그럼 시원한 오렌지 주스랑 샌드위치 하나 주세요.

그렇다. 아내는 귀가 무척 얇은 편이다.

간호사 진통이 시작되려면 한참 남았으니까 지금 쉴 수 있을 때 쉬세요. 남편분도 마찬가지예요.

그 말을 들으니 갑자기 피로가 몰려왔다. 이틀 밤을 새웠던 것이 화근이었다. 나는 아내에게 분명히, 허락받고 한쪽 소파에서 한 시간 정도 잠을 잤다. 나는 이때 잠을 잤다는 이유로 아내에게 "남편이란 사람이 그런 상황에서 잠이 와?!"라는 핀잔과 추궁을 지금까지 듣고 있다. 이제 갓 결혼한 새신랑들은 아내가 파놓은 이런 함정을 부디 조심하기 바란다.

조산사가 나를 깨웠다. 아내의 진통이 빨라졌다는 말에 정신이 번쩍 들었다. 아내는 숨이 멎을 것처럼 아파했고 급하게 무통주사를 찾았다. 조산사는 자궁문이 아직 7센티미터밖에 열리지 않았으니 초산인 걸 감안하면 앞으로 몇 시간 더 기다려야 할 지 모른다고 했다. 그러면서 하는 말이

조산사 1 전 이제 그만 퇴근이라, 다른 조산사가 곧 올 거예요. 뤼까틸!

분만은 아직 시작도 안 했는데 지금 집에 간다고? 속으로는 인사를 받을 수 없었지만 어쩔 수 없이 첫 번째 조산사를 그렇게 떠나보냈다.

우리는 말 없이 다른 조산사를 기다렸다. 둘뿐인 병실 있게 되자 아내와 나는 슬슬 불안해졌다. 이때까지 무통주사를 놓으려고 마취과 전문의가 한번 다녀갔었다. 산부인과 전문의는 출산이 끝나고 난 뒤에야 아기를 확인하기 위해 잠깐 들렀을 뿐 출산 전에는 만나 볼 수 없었다. 조산사가 출산 전 과정을 주관하는 건 괜찮았다. 하지만 여덟 시간마다 교대되는 건 당최 적응이 되지 않았다. 한 10분이 지났을까 새로운 조산사가 방으로 들어왔다.

조산사 2 (웃는 얼굴로 우리를 반갑게 맞이하며) 안녕하세요, 전 요한나라고 해요. 어때요, 괜찮아요?(How are you?)
아내와 나 …… (괜찮냐고? 지금 이게 괜찮은 거로 보여요?)

마치 영화 '웰컴투 동막골'의 한 장면을 고스란히 재연하고 있는 것

같았다. 작은 외딴 마을에 고립된 미국 전투기 조종사에게 낡은 교과서로 영어를 공부한 서생이 어렵게 건넨 한마디가 바로 "How are you?"였다. 그 말에 조종사는 "당신 생각에 내 꼴이 어때 보이는데?"라며 격분한다. 우리의 속내가 딱 그랬다.

하지만 첫인상은 첫인상일 뿐. 조산사는 시종일관 친절했고, 차분하게 대화를 유도하며 불안해하는 아내와 나를 안심시켰다. 당시는 경황이 없어 그런 생각을 못 했지만 출산 후 돌이켜 보니 그분은 상냥했고 능력도 있던 조산사였다. 아마 첫인사도 영어의 뉘앙스 문제였지 나쁜 의도는 전혀 없었다고 본다.

• 강렬한 첫 만남

저녁 여덟 시, 첫 진통이 시작된 지 스무 시간 만에 아이가 세상 밖으로 나왔다. 내 눈으로 똑똑히 보았건만 멜론만 한 아이의 머리통이 어떻게 사람 몸에서 나올 수 있는지 나는 아직도 믿기가 어렵다. 분만 과정은 난산이었다. 진통 시간도 길었지만 분만 과정에서 출혈이 심해 1.7리터의 피를 수혈받았다. 일반 여성의 혈액량이 총 5리터 정도니까 신체에 있는 피의 약 3분의 1을 쏟은 셈이다. 옛날 같았으면 산모의 목숨이 위태로울 상황이었다. 병실 안 분위기는 긴박하게 돌아갔다. 봉합전문 외과 전문의가 어느새 분만실로 들어와 곧장 봉합수술을 진행했다. 그 의사는 퇴근

길에 호출받고 급히 차를 돌려 분만실에 왔다고 했다. 처음엔 이래저래 자잘한 불평이 많았지만 아내의 난산을 도와준 스웨덴 의료진에게 지금도 고마운 마음뿐이다.

분만 과정에서 있었던 출혈로 인해 아기는 말 그대로 핏덩이였다. 갓난아기는 부모와의 첫 접촉을 기다리고 있었다. 세상 밖으로 이제 막 나와 모든 것이 낯설고 두려울 아기에게 부드럽고 따뜻한 살결로 위안을 주어야 했다. 또 자연스레 젖도 빨게 해야 했다. 우리는 사전 교육을 통해 이러한 점들을 미리 알고 있었고 간호사들도 이와 같이 진행하려 했다. 그런데 한 가지 문제가 있었다. 엄마가 수술 중이라 아기를 안아줄 수가 없었다. 간호사들은 내게 윗옷을 벗으라고 했고 나는 당황할 겨를도 없이 그저 지시에 따랐다. 윗옷을 벗고 소파에 앉아서 움켜쥐면 바스러질 것 같은 갓난아기를 가슴에 품었다. 신기하게도 아기는 내 품에 편히 안겨 있었고 심지어 내 젖꼭지도 빨았다! 그 조그만 아기가 어디서 그런 힘이 나오는지 젖꼭지가 아프도록 빨았다. 힘껏 젖을 빨고 있는 아기가 나는 고맙고 대견하기만 했다. 말로 형용하기 어려운 그 신비로운 기분. 보통 아빠들은 경험할 수 없는 강렬한 10분을 나는 그렇게 맞이했다.

3. 출산 직후

・산후조리가 없다

이제 우리 가족은 셋이 되었다. 나는 아기를 안고 누운 채로, 아내는 홀로 누운 채로, 간호사들은 우리를 두 침대로 나누어 침대 바퀴를 굴리며 입원실로 옮겼다. 입원실은 병실답지 않게 아늑했다. 예전에 호텔로 사용하던 것을 병원이 매입해 지금은 분만 후 가족들이 휴식을 취하는 입원실로 사용한다고 했다. 입원실 안에는 엄마와 아빠가 나란히 누울 수 있는 침대 두 개가 있었고, 옆에 조그만 아기 침대도 놓여 있었다. 입원실을 둘러보고 내가 누울 곳을 확인하고 나니 긴장이 풀어지면서 이내 피곤이 몰려왔다. 나도 피곤한데 당시 아내가 느꼈을 피곤함은 아마 상상그 이상이었을 것이다.

아내는 입맛이 없었지만 빠른 회복을 위해 그리고 모유수유를 위해 뭔가를 먹어야 했다. 간호사는 샌드위치를 가지고 들어왔다. 출산을 축하하는 의미로 시원한 무알코올 샴페인에다 그 옆에는 얼음까지 동동 띄운 차가운 주스와 냉수가 곁들여져 있었다. 산후풍을 막기 위해 냉기는 얼씬도 못하게 하는 한국의 산후조리 문화와는 큰 차이가 있었다. 당시 2014년, 스웨덴의 여름은 유난히 더웠다. 병실 한쪽에서는 싸늘한 공기가 흘러나왔다. 시원한 날씨 덕에 스웨덴에서는 흔하지 않은 에어컨이 병원에는 병실마다 설치가 되어 있었다. 나는 간호사에게 산모가 조금 추워하는 것 같으니 에어컨을 꺼주면 안 되겠냐고 물었다. 간호사는 중앙냉난방 시스템이라 이 병실만 온도를 올릴 수는 없다고 했다. 정 추우면 담요를 꺼내 주겠다고 했다. 나중에 아내가 산후풍이라도 생기면 어떤 절차를 밟아야 이 병원을 상대로 고소할 수 있을까 잠시 고민해 보았지만, 결과적으로 아내는 다행히도 산후풍이나 다른 어떤 후유증도 겪지 않았다.

• 산후조리원이 없다

아내는 샤워를 하고 싶어 했다. 하지만 방금 수술을 마친 상태로는 어

막 출산을 마친 산모를 위해 병원에서 제공한 음식이다. 퍽퍽한 샌드위치와 냉기 가득한 음료는 한국의 산후조리 문화와 큰 차이를 보인다. 스웨덴 국기가 음식과 함께 나오는 경우는 무척 드문 일이라 스웨덴 한인들 사이에서 이 깃발 샌드위치는 나름 유명세를 떨쳤다.

림도 없었다. 아내는 내 이럴 줄 알았다며 분만실에 도착하자마자 샤워를 하지 않은 것을 후회했다. 출산을 마치고 샤워하라고 권해준 간호사도 난산을 예측할 수는 없는 노릇이었다. 우리는 갓난아기라도 씻기고 싶었다. 엄마 배 속에서 막 나온 아기는 무척이나 꼬질꼬질했다. 하지만 간호사는 갓난아기에게 건조한 피부는 피부 병변의 원인이 될 수 있기 때문에 아기를 최대한 늦게 씻기기를 권했다. 한국이었다면 일단 아기를 깨끗이 씻기고 속싸개로 예쁘게 싸서 엄마에게 안겨줬을 텐데, 한국과 스웨덴은 참 많은 것들이 달랐다. 한가지 위안이라면 엄마, 아빠, 아기 모두가 꼬질꼬질하니 누가 누구를 흉볼 일은 없다는 점이었다.

간호사들이 나가고 이제 정말 우리 셋만 남았다. 단 하루 안에 세상 모든 것이 달라진 듯했다. 하지만 이런 감회를 오래 느낄 겨를도 없었다. 1초라도 더 빨리 잠에 빠지고 싶었다. 우리는 불을 끄고 잠을 청했다. 24시간 동안 깨지 않고 잠을 잘 수 있을 것 같았다. 하지만, 불이 꺼지고 얼마 지나지 않아 아기가 울기 시작했다. 당시 나는 갓난아기가 울 때는 그 이유가 세 가지 중 하나라고 배웠다. 배가 고프거나 졸리거나 아니면 기저귀가 찼거나. 먹기도 잘 먹었고 기저귀도 깨끗한데 아이는 쉽사리 깊게 잠들지 못했다. 지금에야 다른 이유들을 더 생각해 볼 수 있다. 병실 내 온도나 습도 또는 조명의 밝기, 아니면 적당한 소음의 여부, 이도 저도 아니면 그냥 포근히 안겨 있고 싶었을 것이다. 하지만 초보 엄마 아빠에게 아기가 우는 이유는 세상에서 가장 어려운 수수께끼였다. 한숨이 절로 났다. 그때 문득 '아! 이래서 한국에서는 갓난아기가 곧장 신생아실로 옮겨지는구나'라는 생각이 들었다. 스웨덴의 출산관련 교육은 부모와 아기 사이에 첫 교감의 중요성을 셀 수 없이 강조한다. 한국의 신생아들이 첫 한 주 동안 산모와 떨어져서 대부분의 시간을 보내는 것과는 대조적인 모습이다. 나는 그저 병원 편의상 이런저런 검사들을 쉽게 하려고 부모와 아기의 첫 교감을 무시하는 처사라고 추측했다. 하지만 막상 내가 옆에서 출산 과정을 겪어보니, 아기와의 첫 교감과 부모의 휴식 중에 어느 것이 더 중요한지 확신하기 어려웠다. 당시 나는 제발 단 몇 시간만이라도 다른 누군가가 내 아기를 대신 봐주었으면 하는 심정이었다. 더군다나 한국은 비싸긴 해도 산모들이 산후조리원에 입소해 충분한 휴식도 얻고 다른 산모들과의 대화를 통해 동병상련의 에너지도 얻을 수 있지 않은가. 하지만 스웨덴에서는 그런 호사를 누릴 수 없었다.

스웨덴에서 아이를 낳는 부모들이 다 나와 같은 경험을 하지는 않을 것이다. 모든 아이가 다르고 모든 부모가 다르기 때문이다. 하지만 이제껏 육아를 하며 가장 힘들었던 순간을 꼽으라면 나는 출산 후 며칠 동안 밤잠을 설쳐가며 입원실에서 머물던 이때를 꼽지 않을 수 없다.

• 조산사의 가정 방문

퇴원 후 집으로 돌아온 첫날 우리는 새로운 조산사와 전화 통화를 했다. 조산사가 우리 집에 방문할 날짜를 잡기 위해서였다. 약속한 시각에 맞춰 조산사가 왔다. 우리 집에서 가장 가까운 유아전용 보건소에서 온 조산사였다. 집 안에 들어온 조산사는 소파 대신 아기가 있는 거실 카펫 위에 앉았다. 조산사는 아이와 산모의 상태를 살폈다. 아내에게 이런저런 질문도 던졌다. 집 안을 살펴보며 아이의 양육 환경도 점검했다. 한 30분 정도 이야기를 나누었다. 출산 전 정기검진 때 만났던 조산사처럼 엄마의 심리적인 안정을 꼼꼼히 챙기는 부분이 마음에 들었다.

방문을 마치기 전 다음 약속을 잡았다. 다음부터는 우리가 직접 유아 전용 보건소에 찾아가는 정기검진이었다. 스웨덴의 정기검진은 한국의 영유아 검진과 비슷했다. 검진을 통해 아이의 특이사항을 점검하고 성장 발달 사항을 확인한다. 가장 큰 차이라면 아이의 진료기록이 어느 한 병원에만 저장되는 것이 아니라, 아이에 관한 모든 의료 기록을 모든 의료기관에서 열람할 수 있고 새로운 기록을 업데이트할 수 있다는 점이다.

스웨덴에서는 한국의 보건소 또는 의원급 의료기관에 해당하는 1차 의료기관을 '보드 센트랄Vård central'(영어로 직역하면 'Care center'가 된다)이라고 부른다. 이와 별개로 보건소와 비슷한 기능을 가졌지만 0~6세의 아이들만을 위한 의료기관을 비비씨BVC(Barna Vårds Central의 약자로 영어로 직역하면 'Children care center'가 된다)라고 부른다. 1차 의료기관을 아이와 성인을 분리해 이원화하는 이유는 일반 성인에 비해 아이의 성장기에는 더 많은 의학적 관심이 필요하고 예방 및 관리의 중요성이 강조되기 때문이다. BVC를 찾는 부모는 아이의 질병 치료나 예방 접종뿐만 아니라 아이의 발달에 염려되는 모든 것을 무료로 상담받을 수 있다. 예를 들어 아이의 식습관, 치아 발달, 수면 습관, 안전사고 예방, 놀이 습관, 형제 또는 자매간 관계, 교우관계, 위생 관리 등에 관한 다양한 궁금증을 물어볼 수 있다.

스웨덴 아빠가 육아하는 진짜 이유

아이 키우기

출산 전에 아내는 빨리 아기가 세상에 나왔으면 좋겠다고 했다. 아기를 빨리 보고 싶은 마음이야 당연한 것이지만 다른 이유도 있었다. 만삭이 되니 쉽게 지쳐서 걷는 것조차 힘들어했다. 식사도 편히 하지 못하고 밤에는 어떻게 누워도 불편해서 깊게 잠들지 못했다. 또한 임신 전 본인의 모습은 온데간데없고 뚱뚱한 자신의 모습에 스트레스를 받았다. 하지만 그토록 원하던 출산을 하고 보니 아기가 배 속으로 다시 들어갔으면 좋겠다는 말이 나왔다. 그때가 오히려 편했기 때문이다. 우리는 육아 초반만 하더라도 한국에 있는 많은 것들을 그리워했다. 특히 출산 직후 산모가 편히 몸조리할 수 있는 산후조리원과 아이를 함께 돌봐줄 친정엄마가 절실했다. 하지만 출산 후 처음 한 달간은 아내와 나, 그리고 갓난아기, 이렇게 셋뿐이었다. 나도 처음 한 달간은 육아휴직을 사용하며 육아를 도왔지만 역부족이었다. 마치 간호사가 3교대 근무를 하듯 하루를 여덟 시간으로 나누어 밤 여덟 시간은 내가 아이를 돌보고 오전 여덟 시간은 아내가 아이를 돌보았다. 나머지 오후 여덟 시간은 둘이 이런저런 집안일을 나누어서 했다. 야간 육아 근무는 내 몫이었기 때문에 나는 밤낮이 완전히 뒤바뀐 생활을 했다. 하지만 불평할 수 없었다. 난산을 겪었던 아내는 제대로 쉬지도 못한 채 불편한 몸으로 곧장 육아를 시작해야 했기 때문이다.

그렇게 한 달이 지나고 한국에서 장모님과 처제가 우리를 도와주려고 스웨덴에 왔다. 마음 같아서는 적어도 반년 이상 머물길 바랐지만 장모님은 3주 이상 시간을 내기가 어려웠다. 그래도 3주가 어딘가! 집에 든든한 지원군을 모셔두고 나는 가벼운 마음으로 출근길에 올랐다. 물론 일하는 내내 집에 있는 예쁜 아이의 모습과 고생하는 아내의 모습이 눈에 밟혔지만, 사무실에 있는 동안은 정말 숨통이 트이는 것 같았다. 더구나 당시 초보 운전자였던 나는 차로 한 시간을 운전해서 출퇴근해야 했기 때문에 안전운전을 이유로 수면 시간까지 보장받았다. 시간은 또 흘러서 약속한 3주가 지나가고, 다시 우리 가족 셋만 남았다. 나는 다시 회사 일을 시작했고 아내는 진정한 스웨덴 육아를 시작했다.

1. 아이와 함께 나서는 외출

한국은 삼칠일이라고 해서 생후 첫 21일은 갓난아기를 밖에 데리고 나가지 않는다. 뿐만 아니라 많은 부모들이 생후 첫 몇 달 동안은 행여 아프지 않을까 하는 마음에 아이를 데리고 밖에 나가기를 꺼린다. 하지만 스웨덴 사람들은 생후 1~2주 된 아이를 데리고 함께 외출하는 것을 전혀 꺼리지 않는다. 횟수도 무척 잦다. 낮에도 기온이 영상으로 올라가지 않는 한겨울에도 많은 스웨덴 부모들은 아이들을 따뜻한 옷으로 꽁꽁 싸매고 유모차에 태우고 나가 바깥에서 낮잠을 자게 한다. 그들은 이런 식으로 하는 게 아이들이 더 오래 더 푹 잘 뿐만 아니라 추위와 신선한 공기가 아이들의 면역체계에 좋다고 믿는다. 실제로 이곳의 의사들은 아이의 쾌적한 수면을 위해 따뜻한 잠자리보다는 선선한 잠자리를 추천한다.

우리 아이도 아주 어릴 때부터 하루도 빠지지 않고 매일같이 외출을 했다. 날씨가 좋을 때는 좋은 날씨 때문에 밖에 나갔고 날씨가 좋지 않을 때는 안 좋은 날씨에 할 수 있는 활동을 하기 위해 밖으로 나갔다. 북유럽 속담 가운데 '나쁜 옷은 있어도 나쁜 날씨란 없다'라는 말이 있다. 북유럽 사람들 성격이 유달리 낙천적이라서가 아니다. 짧은 여름을 제외하면 춥고 어두운 날씨가 대부분인지라 날씨를 탓하기 시작하면 아무 일도 할 수 없기 때문이다. 이 속담은 육아하는 부모에게는 이렇게 응용된다. '나쁜 유모차는 있어도 나쁜 날씨는 없다.' 비가 오는 날이면 유모차에 비닐커버를 씌우고 나간다. 추운 날이면 방한 침낭을 유모차 안에 깔고 나

스웨덴 사람들은 낮에도 기온이 영상으로 올라가지 않는 한겨울에도 아이를 데리고 함께 외출하는 것을 전혀 꺼리지 않는다.

간다. 추운 날 비가 오거나 눈이 오면 방한 침낭을 유모차 안에 깔고 비닐 커버를 씌우고 나가면 된다. 아무리 험궂은 날씨에도 아이를 데리고 밖으로 나가려는 데는 다 그만한 이유가 있다. 아이가 집에서 온종일 장난감만 가지고 노는 것은 아니다. 집 안에서 아기와 놀아주다 한숨 돌리고 싶을 때면 유모차를 끌고 나와 산책을 하거나 다른 부모를 만나 소소한 이야기를 나누는 것만큼 좋은 것이 없다. 행복한 부모가 행복한 아이를 키울 수 있다. 또한 외출은 아이에게도 좋다. 또래 아이든 다른 어른이든 엄마 이외의 다른 사람들과 접촉하면서 아이는 자연스레 사회성을 익힐 수 있고, 적당한 자극으로 아이의 발달을 도울 수 있다.[13,14,15] 뿐만 아니라 하루 종일 실내에서 노는 아이보다 밖에서 노는 아이가 더 건강하다.[16,17,18]

첫째 아이의 한국어 습득을 위해 우리 가족은 1년간 한국에 머문 적이 있었다. 둘째 아이가 태어나고 난 뒤 엄마 아빠가 동시에 육아휴직을 쓸 수 있었기에 가능한 일이었다. 우리 가족이 한국에 도착했을 때는 늦

13. Burdette, H., & Whitaker, R.(2005). Resurrecting Free Play in Young Children. Arch Pediatr Adolesc Med., 159, 46-50

14. Carver, A., Timperio A., & Crawford, D.(2008). Playing it safe: The influence of neighbourhood safety on children's physical activity—A review. Health & Place, 14, 217-227

15. Mitchell, H., Kearns, R., & Collins, D.(2007). Nuances of neighbourhood: Children's perceptions of the space between home and school in Auckland, New Zealand. Geoforum, 38, 614-627

16. Wells, N.(2000). At Home With Nature: Effects of "Greenness" on Children's Cognitive Functioning. Environment and Behavior, 32, 775-795

17. Epstein, B.(2001). Childhood asthma and indoor allergens: The classroom may be a culprit. The Journal of School Nursing, 17(5), 253-257

18. Wells, N., & Evans, G.(2003). Nearby Nature: A Buffer of Life Stress among Rural Children. Environment and Behavior, 35, 311-330

은 겨울이었다. 나는 집 근처 개천을 따라 포장된 산책길을 볼 때마다 따뜻한 봄날 가벼운 옷차림으로 흩날리는 벚꽃을 맞으며 둘째 아이와 산책해야겠다고 마음먹었다. 스웨덴은 1년 중 여름에 해당하는 석 달을 제외하곤 춥고 어두운 날씨가 이어진다. 그곳에서 지난 10년을 지낸 터라 싱그러운 봄을 기대하지 않을 수 없었다. 그리고 드디어 봄이 찾아왔다. 하지만 생각하지 않았던 미세먼지와 황사도 따라왔다. 매일 아침 확인하는 미세먼지 예보는 '나쁨' 또는 '매우 나쁨'을 알리는 경우가 많았다. 간혹 미세먼지 예보가 '보통'이면 그제서야 집 앞 산책길을 걸으며 바깥 공기를 마실 수 있었다.

2. 유모차를 위한 대중교통

스톡홀름 근교에 살고 있는 경우 먼 거리를 이동할 것이 아니라면 승용차보다는 버스나 지하철이 더 편리했다. 만약 승용차를 이용할 경우 아이는 반드시 카시트에 탑승해야 한다. 아주 짧은 거리가 아니라면 보호자가 아이를 안고 탑승하는 것은 허용되지 않는다. 아이 카시트와 관련된 규정을 어길 경우 부과되는 범칙금도 상당한 수준이다. 모든 아이가 카시트에 곱게 앉아 있는 것도 아니다. 평일 낮 시간에 운전하는 본인 이외에 아이 옆에 앉아서 돌봐줄 사람이 있는 것이 아니라면 더구나 승용차 사용이 어렵다. 이렇게 모든 조건을 다 맞춰서 아이를 차에 태우고

스톡홀름 시내에서 유모차를 대동한 부모에게 대중교통 수단은 승용차보다 편리하다. 또한 스웨덴 시내버스는 유모차를 대동한 부모에게 승차비를 받지 않는다.

스웨덴의 모든 시내버스는 유모차나 휠체어가 쉽게 탑승할 수 있는 장치를 갖추고 있다. 출처: https://hiveminer. com/User/KanalSL

나왔는데 스톡홀름 도심에서 주차 장소를 찾지 못하기라도 하면 정말로 낭패다. 무료 주차는 아예 없다고 생각하는 것이 맞다. 한국과 같이 건물 내 시설을 이용하면 주차 요금 혜택을 받는 방식은 스웨덴에서는 통용되지 않는다. 도심 내 거리에 주차하는 경우 주차비가 한 시간에 15~60크로나, 건물 내 지하 주차장을 이용하는 경우 한 시간에 100크로나(약 13,000원)를 넘기기도 한다.

스톡홀름 인근에 살면서 차 없이 유모차로 못 갈 곳은 없다. 스톡홀름 대중교통 수단은 유모차를 끄는 부모와 휠체어를 탄 장애인에게 제약이 되지 않기 때문이다. 스웨덴의 일반 시내버스 안에는 계단이 없다. 유모차나 휠체어를 탄 승객이 정류소에서 버스를 기다리고 있으면 버스 운전기사는 정류소에 버스를 바짝 대고 정차한 뒤 운전대 옆에 있는 버튼 하나를 누른다. 그러면 버스의 차체가 천천히 인도 쪽으로 기울어지면서 인도의 높이와 버스 입구의 높이가 비슷하게 맞춰진다. 따라서 유모차나 휠체어가 어렵지 않게 버스에 승차할 수 있다. 유모차를 대동한 부모에게는 승차비를 받지 않으니 그야말로 일석이조다.

지하철을 이용할 경우 모든 지하철역에는 유모차나 휠체어 사용자를 위한 엘리베이터가 설치되어 있다. 또한 기본적으로 출퇴근 시간을 제외하고는 버스나 지하철에 사람이 크게 붐비지 않기 때문에 부모가 유모차를 대동하고 대중교통 수단을 이용하기에 큰 어려움이 없다. 세심한 배려는 여기서 그치지 않는다. 유모차나 휠체어를 위한 배려는 인도 위에서도 찾아볼 수 있다. 인도가 보도블록으로 잘 포장된 것은 당연하고, 인도가 끝나는 지점이면 어김없이 유모차 하나가 지나갈 정도 폭으로 턱을 없앤 부분이 있다. 이 부분을 통해 유모차나 휠체어는 덜컹거림 없이 길을 건널 수 있다.

한국에서 지내면서 나와 아이 단둘이서 나갈 수 있는 곳은 그리 많지 않았다. 유모차에 발이 묶이기 때문이다. 버스나 지하철을 타기 위해 유모차를 가지고 계단을 오르내릴 수는 없었다. 승용차 뒷좌석의 아이 카시트에 아이 혼자 놔두는 것도 마음이 편치 않았다. 무슨 이유 때문인지는 알 수 없지만 나는 아이를 힙시트에 앉히고서 30분 이상 걸으면 무릎 관절과 골반이 아팠다. 나처럼 체질적으로 힙시트가 안 맞는 사람이 있는 건지 아니면 다른 부모들은 아파도 어쩔 수 없이 참는 건지는 모르겠다. 결국 집 앞 산책로를 짧게 걷는 것을 제외하고는 아이를 데리고 혼자서 외출하는 일은 별로 없었다.

사실 육아를 혼자서 전담하고 있는 한국의 많은 엄마들과 비교하면 내 상황은 좋은 편이었다. 나는 아내와 한국에서 공동 육아를 하고 있었고 틈틈이 조부모님이 아이를 봐주었기 때문이다. 홀로 육아를 떠맡고 있는 엄마들에게는 아이와 단둘이 밖으로 나가는 것 자체가 큰일이다. 밤낮으로 아기를 돌보느라 손목, 어깨, 허리, 무릎 등 몸 여기저기가 아프지만 아이가 아닌 다른 누군가를 만나기 위해서는 그 정도는 감수할 수 있다. 집 안에서 온종일 아이와 시간을 보내다 보면 몸이 망가지기 전에 정신이 먼저 이상해져 버릴지도 모른다는 생각이 들기 때문이다.

육아를 시작하기 전 모든 엄마들은 어떤 형태로든 사회생활을 했었다. 가족, 친구, 회사 동료들과 일상생활에서 나눌 수 있는 소소한 담소는 공기 중의 산소처럼 눈에 보이지는 않지만 우리 생활에 꼭 필요한 요소다. 육아 중인 엄마에게 이런 활력소는 더욱 절실히 요구된다. 아이는 엄마의 모든 관심을 오롯이 자신에게만 쏟아 주길 바라기 때문에 정작 엄마 본인은 거울 한번 볼 새가 없다. 외출 시간은 잊고 있던 나를 찾고 지쳤던 나를 추스를 수 있는 시간이 된다. 혼자서 산책을 해도 좋다. 문화센터에서 다른 엄마들을 만나거나 가족 또는 친구를 만나 잠깐 수다를 떨어도 좋다. 몸은 아프지만 무거운 기저귀 가방을 챙긴다. 그리고 가방보다 더 무거운 아이를 힙시트에 앉힌다. 이렇게 해서라도 엄마는 밖으로 나가고 싶다.

한국은 더 이상 힘없고 가난한 나라가 아니다. 국민총생산 세계 12위의 경제대국이[19] 아이와 함께 외출할 수 있는 환경조차 마련하지 못한다는 것을 나는 정말 이해하기 어렵다.

3. 휘까

휘까라는 스웨덴만의 독특한 문화가 있다. 이젠 한국에도 제법 알려져서 'Fika'라는 이름의 카페를 한국에서 몇 번 본적이 있다. 혹자는 휘

19. International Monetary Fund World Economic Outlook(April-2018), Projected GDP Ranking(2018-2023), 2018-06-09

까를 'coffee break', 즉 커피를 마시며 잠시 쉬는 시간으로 번역하는데, 일부는 맞지만 정확한 설명은 아니다. 하루 일과 중 나른해지기 쉬운 오후 시간, 평일에는 직장의 동료들과 주말에는 가족들 또는 친구들과 옹기종기 둘러앉아 허물없이 가벼운 담소를 나누는 시간을 휘까라고 한다.(공기업에서 일하는 사람들은 오전에도 휘까를 한다는 진담 섞인 친구의 농담을 들은 적이 있다. 공기업은 사기업에 비해 업무환경이 훨씬 느슨하다고 여기는 스웨덴 사람들의 편견은 한국과 크게 다르지 않다는 점이 흥미롭다.) 회의에는 빠져도 휘까는 빠질 수 없다고 말할 정도로 휘까는 사회생활에서 매우 중요한 부분을 차지한다. 휘까에 빠지지 않고 등장하는 것이 쓴 커피에 잘 어울리는 단빵이다. 여러가지 휘까 빵 중이서도 까

휘까는 스웨덴을 상징하는 대표 문화가 되었다. 아이를 키우는 부모에게도 휘까는 하루 중에 빼놓을 수 없는 중요한 일과다.

넬불레kanelbulle(한국어로 번역하자면 계피맛 나는 단 빵)는 단연 인기가 높다. 이제 휘까와 까넬불레는 스웨덴을 대표하는 상징이 되었다. 당연히 육아하는 부모에게도 휘까는 하루 중 빼놓을 수 없는 중요한 일과다. 휘까가 있기 때문에 육아휴직 중인 부모는 오늘은 무엇을 할까 고민하지 않아도 된다. 옷차림도 크게 신경 쓰지 않는다. 시간만 허락한다면 마음 맞는 부모들과 하루에 두세 번도 휘까를 할 수 있다. 아마도 한국처럼 남편이나 아내를 흉보는 일도 포함되지 않을까 싶지만, 부모들끼리 만나서 어떠한 주제도 소탈하게 이야기할 수 있어야 휘까라고 할 수 있으니 안될 것도 없겠다. 스웨덴 부모들은 자칫 지루해질 수 있는 육아 일과에서 큰 돈과 노력을 들이지 않아도 휘까를 통해 일상의 행복을 지켜내곤 한다.

4. 친가족환경

나는 한국에서 레스토랑과 식당을 한동안 같은 개념으로 사용해왔는데 아이가 생기고 난 뒤로 구분법이 생겼다. 내게 레스토랑이란 아기 의자가 있는 곳이고 식당은 아기 의자가 없는 곳이다. 요새는 한국에서도 카페나 레스토랑에 구비된 아기 의자를 쉽게 찾아볼 수 있다. 스웨덴 기업인 이케아가 생산한 아기 의자를 볼 때면 스웨덴 기업이 스웨덴의 육아 문화까지 한국에 들여온 것 같아 남다른 감회를 느끼곤 한다. 하지만 이런 장소를 제외하면 안타깝지만 어린아이를 데리고 나온 우리 가족을

스웨덴에서는 아이와 함께 여유로운 시간을 즐길 수 있는 장소를 어렵지 않게 찾을 수 있다.

환영하는 곳은 그리 많지 않았다. 또한 아기 의자가 구비되어 있다고 하더라도 아이들과 함께 앉기에는 다소 공간이 부족하고 유모차를 따로 놔둘 장소가 마땅치 않은 경우가 많았다. 육아 관련 용품을 넣는 가방을 흔히 기저귀가방이라고 부른다. 이는 스웨덴도 마찬가지다. 아이를 데리고 밖에 나갔을 때 가장 중요한 것이 바로 기저귀 가는 일이기 때문이다. 한국에서는 키즈카페와 같은 어린이 전용 공간이나 백화점 또는 대형 쇼핑몰을 제외하고는 기저귀를 갈 수 있는 편의시설을 찾는 것이 여간 어려운 게 아니다. 온 가족이 한국에 온 지 얼마 안 됐을 때 뭣도 모르고 아기를 데리고 밖에 나갔다가 기저귀 갈 곳을 찾아 여기저기 헤맸던 기억이 있다. 한번은 어느 백화점에서 어렵게 수유실을 찾았는데 여성전용 공간이라 아빠인 나는 안에 들어갈 수가 없었다. 어쩔 수 없이 남자 화장실에 들어갔다. 한 손으로 어깨 위에 올려 둔 아이를 붙잡았다. 그리고 다른 한 손으로 똥 기저귀를 갈았다. 내 얼굴 옆에서 똥 기저귀를 가는 건 아무 문제가 아니었다. 정작 중요한 문제는 만약 아이가 발버둥이라도 친다면 아이가 어깨에서 떨어질 수도 있는 위험천만한 상황이라는 것이다. 이 외에도 아내와 함께 외출했을 때 수유실을 찾지 못해 차 안에서 기저귀를 간다거나, 화장실에 엄마 아빠가 같이 들어가서 한 사람은 아이를 들고 서 있고 나머지 한 사람이 기저귀를 갈기도 했다. 한번은 가족끼리 식당에서 외식을 하는데 사장님의 배려(?)로 식당 한구석에 놓인 식탁 위에서 똥 기저귀를 처리한 적도 있었다.

사실 부모가 이런 생고생을 할 필요는 없다. 화장실마다 아이를 눕힐 수 있는 기저귀 교환대를 설치하면 간단히 해결될 일이기 때문이다. 마치 비행기 안 화장실에 설치된 시설처럼 기저귀 교환대는 평소 벽에 접어둘 수 있기 때문에 장소를 많이 차지하지 않는다. 값이 비싼 것도 아니다. 한국 정부는 저출산 문제를 해결하기 위해 지난 10년간 150조의 예산을 지출했다는데[20] 이런 간단한 문제는 내버려 두고 그 많은 돈을 대체 어디에 쓴 건지 모르겠다. 스웨덴에서는 아무리 작은 카페나 레스토랑을 가더라도 기저귀 교환대를 반드시 하나 이상은 설치해 놓는다. 대신 수유실은 대형 쇼핑몰이 아니고서는 따로 설치된 곳을 찾아보기가 쉽지는 않다. 하지만 우리가 주목할 만한 것은 엄마 또는 아빠가 주변 눈치를 보지 않고 아이에게 수유할 수 있는 사회 분위기다. 스웨덴에서는 워낙 가족 단위로 외출하는 경우가 많아서 울거나 소란을 피우는 아이를 심심치 않게 볼 수 있다. 물론 실내 공간에서 뛰고 떠드는 아이를 부모가 그냥 내버려 두지는 않는다. 부모도 아이가 다른 사람들에게 피해를 주지 않게 하려고 노력하지만 다른 손님들도 아이니까 그럴 수 있다고 이해해주는 너그러운 분위기가 있다. 따라서 아이의 부모는 다른 사람들 눈치보느라 빨리 자리에서 일어나야 한다는 부담감은 느끼지 않아도 된다. 아이들 또한 외출에 익숙해져서 공공 예절을 빠르게 익히는 순기능도 있다.

친가족적인 환경은 집 안에서도 적용된다. 똑같이 어린 자녀를 키우

20. 연합뉴스, 저출산대책특위 출범······"10년 '150兆 예산' 효과있었나" 질타, 2016-07-21

는 가정이라도 한국과 스웨덴 가정의 모습은 다르다. 특히 거실에서 차이가 확연하다. 먼저 한국의 경우 큰 거실 가운데 깔린 매트리스를 중심으로 아이의 장난감들이 한 자리씩 차지하고 있다. 거실 바닥에 깔린 푹신한 매트리스는 알다시피 층간소음 그리고 아이의 안전사고를 방지하기 위함이다. 그리고 그 매트리스 주변에 둘러쳐진 울타리가 있다. 스웨덴 가정의 거실에는 아이들 장난감이 한국만큼 많이 보이지 않는다. 한국 기준으로 보면 아이 없는 가정에 조카가 가지고 온 장난감이 거실에 놓여진 정도랄까. 거실에는 푹신한 매트리스 대신 부드러운 울 소재로 만든 카펫이 깔려있다. 따라서 울타리는 없다. 아이들 장난감은 대부분 아이들 방에 자리를 잡고 있다. 이런 차이는 단순히 가구 배치의 차이가 아

스웨덴 어디에서나 볼 수 있는 기저귀 교환대. 값이 비싼 것도 아니고 자리를 많이 차지하지도 않는데 한국에서는 찾아보기가 어렵다.

니다. 거실은 집에 머무는 사람들의 흔적을 가장 많이 담고 있기 때문이다. 결론부터 말하자면 한국의 거실은 아이의 전유물이지만 스웨덴의 거실은 아이도 사용하지만 아이의 부모도 함께 사용하는 공간이다. 여기에 층간소음 문제도 한몫을 차지한다. 스웨덴 아파트는 방바닥을 데우지 않고 창문 밑에 설치된 라디에이터로 난방을 한다. 그리고 나무판자로 바닥을 깔 때 바닥 위로 공간을 띄워서 소음과 진동을 막아주는 구조로 되어 있다. 하지만 아무리 이런 구조로 되어 있다 하더라도 말썽꾸러기가 만들어 내는 소음을 완벽히 잡아줄 수는 없다. 그럼에도 불구하고 스웨덴 가정에서 매트리스가 없는 것은 아래층에 살고 있는 이웃이 한결같이 천사처럼 착해서가 아니다. 아이들이 낮에 뛰어놀고 저녁에는 일찍 잠자리에 들기 때문이다.

스웨덴에서 퇴근길 차량으로 도로가 혼잡해지는 시간은 보통 오후 네다섯 시이다. 아무리 늦어도 오후 여섯 시가 되기 전에는 부모가 모두 집으로 돌아온다. 이르면 오후 다섯 시, 아무리 늦어도 오후 일곱 시를 넘기지 않고 가족이 한자리에 모여 저녁 식사를 한다. 그리고 오후 일고여덟 시 사이에 아이들은 잠자리에 든다. 휴식을 취하는 저녁 늦은 시간이 되기 전에 발생하는 소음이라면 아래층 이웃도 어느 정도는 이해해 줄 수 있다. 아이들이 잠이 들면 거실은 이제 부모들의 공간이다. 이에 비해 한국의 아이들은 늦은 시간까지 퇴근하는 아빠를 기다려야 한다. 아빠와 그리 길지 않은 시간을 놀아도 잠잘 준비를 마치고 나면 어느새 열시, 열한 시가 되어 있다. 그 시간까지 깨어있는 아이는 뛸 수밖에 없고 층간소음이 걱정되는 부모는 아이를 매트리스가 깔린 거실로 데려다 놓는다. 따라서 매트리스 주변은 장난감으로 가득하다. 아이들이 모두 잠들고 나면 늦은 시간이 된다. 부모들이 거실에서 보낼 수 있는 시간이란 없다. 저녁이 없는 삶을 사는 부모에게 거실은 없는 공간이나 마찬가지다.

5. 친자연환경

우리 가족이 살고 있는 스웨덴 집의 주거 형태는 주상복합 아파트다. 그럼에도 아이와 집 주변을 산책할 때 산책길 위를 달리는 자전거와 혹시라도 부딪힐까 봐 스트레스를 받아본 적은 있어도 차 때문에 스트레스를 받아본 적은 없다. 스웨덴의 수도 스톡홀름은 한국 도시에 비하면 정말 작은 도시다. 스톡홀름 인근의 인구를 다 합쳐도 150만 명에 미치지 못하고[21] 도시의 면적은 서울시 면적에 약 3분의 2에 해당한다.[22] 따라서 인구밀도가 높지 않다. 시내에 조성된 공원과 녹지의 면적은 한국의 도시들에 비해 월등히 넓다. 스톡홀름은 열네 개의 섬으로 이루어진 지리적 특성 때문에 북유럽의 베니스라고 불릴 만큼 빼어난 풍광을 자랑한다. 섬이 많기에 배가 대중교통 수단으로 활용되어 유모차를 가지고 배를

21. Statistics Sweden, "Folkmängd per tätort och småort 2010, per kommun", 2013-06-20
22. Statistics Sweden, "Localities 2010, area, population and density in localities 2005 and 2010 and change in area and population", 2012-12-17

타는 모습 역시 드물지 않게 볼 수 있다. 넓은 잔디가 깔린 공원에서 걱정 없이 뛰어노는 아이들은 어느 동네를 가더라도 쉽게 볼 수 있다. 이런 도시에서 미세먼지는 말 그대로 다른 나라 이야기일 뿐이다.

한국에 와서 우리는 아파트 생활을 하게 되었다. 건물 현관을 나서자마자 앞에 왕복 2차선 도로가 놓여 있다. 아침저녁으로는 양 차선 옆에 주차한 차들이 늘어서 있다. 도로 폭도 좁아지지만 도로 위를 살펴야 하는 운전자의 시야를 가로막기 때문에 아이를 데리고 도로를 건너는 부모는 항상 신경을 곤두세워야 한다. 한가로운 낮 시간에는 주차장이 비어있음에도 불구하고 아무렇게나 정차한 일반 차량이나 택배 차량이 양 차선 옆에 있다. 아이들이 단지 내에 많이 돌아다니는 하원 후 시간에는 학원 셔틀 차량들로 차도가 다시 붐빈다. 간혹 주행 제한속도를 무시한 채 빠르게 내달리는 몰상식한 차들도 더러 있다. 우리 가족이 한국에 왔을 때 첫째 아이는 만 세 살을 조금 넘겼었다. 아직 뛸 때와 뛰지 말아야 할 때를 구분하지 못할 나이였다. 때문에 아이와 함께 집 밖을 나서게 되면 나는 한시도 긴장을 놓을 수 없었다. 요즘 새롭게 지어지는 아파트 단지는 모든 차량이 지하주차장으로 들어가기 때문에 단지 내에 사람들이 걷는 공간과 주행하는 차가 완전히 분리된다고 한다. 하지만 아직은 인도와 차도가 나란히 놓인 아파트 단지가 다수를 차지하고 있다. 아파트 단지가 아닌 일반 주택가의 경우 상황은 더욱 열악하다. 주택가 사이로 뻗어있는 골목길은 인도와 차도의 구분이 아예 존재하지 않는다. 주차된

스톡홀름 근교에 자리 잡은 스코그스쉬르코고르덴Skogskyrkogården은 100헥타르가 넘는 넓은 녹지를 자랑한다. 1900년 초에 묘지로 설립되었으나 지금은 그 빼어난 아름다움으로 유네스코 세계문화유산에 등재되어 있다.

스톡홀름 중심에 위치한 쿵스트래드고르덴Kungsträdgården이다. 직역하면 '왕의 정원'이라는 뜻이다. 주말이면 아이들을 데리고 나온 가족들로 붐빈다. 아이들을 위해 비눗방울 묘기를 선보이는 청년이 눈에 띈다.

2장 스웨덴 아빠가 육아하는 진짜 이유—아이 키우기

차들로 인해 더 좁아진 길로 승용차, 오토바이, 보행자가 뒤엉켜 서로가 서로를 아슬아슬하게 피해야 한다. 팔랑거리며 날아가는 나비 한 마리에 정신을 쏙 빼앗기는 아이들에게 집 밖은 너무나 위험하다. 잠시나마 아이가 통제를 벗어나게 되면 부모는 아이에게 큰소리로 야단치는 것 외에 달리 뾰족한 수가 없다. 한국에 살면서 집 밖은 아이와 부모 모두에게 스트레스를 주었다.

스웨덴 전체 인구와 맞먹는 천만이라는 인구가 서울시 안에 살고 있다. 서울시 내에는 아파트 단지에 담을 둘러친 곳을 제외하곤 상업 지역과 주택 지역의 구분이 명확하지 않다. 어찌 된 노릇인지 상업 밀집 지역은 역세권이라는 이유로 주거지로서 금전적 가치가 더욱 높다. 녹지 공간을 보기는 어렵고 차와 매연은 넘쳐난다. 엎친 데 덮친 격으로 미세먼지 문제는 갈수록 심각해지고 있다. 잘만 조성하면 세계적 명소가 될 수 있는 한강은 강변북로와 88대로에 가로막혀 휴일에 맘먹고 차로 가지 않으면 접근할 수 없는 곳이다. 이런 도시 안에서 자라나는 아이들의 일상은 사람이 만들어 놓은 네모 조형물 안에 늘 갇혀 있다. 아파트를 나와 통학버스를 타고 학교와 학원 건물을 오가는 것이 하루의 전부다. 네모는 자연에서 찾아보기 가장 어려운 형태다. 다시 말해 가장 부자연스럽고 인위적인 형태다. 우리 아이들은 자연이 주는 지혜와 창의성을 접할 기회가 많지 않다. 이런 일상을 사는 우리 아이들에게 4차 산업혁명 시대를 이끌어갈 혁신을 기대하는 것은 무리한 요구를 넘어서 무례한 요구가 아닐까 싶다.

6. 수유 문화

아이와 엄마의 건강 그리고 이 둘의 유착관계 형성을 위해 분유보다 모유수유가 좋다는 사실은[23] 우리가 익히 알고 있는 기본 상식이다. 가족, 친구, 병원, 정부의 홍보, TV 방송 등 모두가 한결같이 모유수유를 권하지만 모유수유가 엄마에게 또 다른 스트레스의 원인이 되고 있지는 않은지 한번 생각해 볼 문제다. 나쁜 엄마라서 모유수유를 안하는 것이 아니라 환경이 마련되지 않아 모유수유를 못하는 것임에도 아이에게 미안해하며 자책하고 있는 한국의 엄마들이 많기 때문이다.

한국 엄마들에게 '완모'(완전 모유수유)는 어려운 도전 과제다. 일단 아이에게 두세 시간에 한 번씩 모유수유를 하는 일 자체가 쉽지 않다. 보통은 100일을 전후해서 아이에게 밤낮 구분이 생긴다고 하는데 아이마다 그 편차는 크다. 우리 첫째 아이의 경우 생후 6개월이 지나서야 밤낮 구분이 생겼다. 즉 생후 200일 동안 아내는 모유수유를 위해 단 하루도 편히 잠을 잔 적이 없었다는 말이다. 그럼에도 불구하고 1년 동안 완모를 한 아내가 정말 대단할 뿐이다. 아이에게 젖을 먹이는 자세도 편하지만은 않다. 아기를 두 팔로 감싸 안아 가슴에 밀착시킨 상태에서 10~30분 동안 같은 자세를 유지해야 한다. 손목, 팔, 허리에 상당한 무리를 주는 일이다. 수유 쿠션이 잘 맞아서 불편함이 없다면야 다행이지만 그렇지 않

---

23. The National Health Service(NHS), Benefits of breastfeeding, 2017-02-28, https://www.nhs.uk/conditions/pregnancy-and-baby/benefits-breastfeeding/

은 경우도 있다. 또한 밖에서 수유를 할 때를 대비해 수유 쿠션을 매번 들고 나갈 수도 없는 노릇이다.

한국에서 수유실을 찾는 것은 쉬운 일이 아니다. 사람들은 엄마가 아이에게 젖을 주는 모습이 세상에서 가장 아름다운 모습이라고 말하지만, 어떤 사람들은 공공장소에서 여자가 젖가슴을 드러내는 것이 불편하다고 말한다.[24] 엄마의 젖을 성적 대상물로 보기 때문이다. 출근하는 엄마가 모유수유를 유지하기란 더욱 어렵다. 두세 시간에 한 번씩 나오는 젖이 엄마가 출근해 있는 동안만 딱 멈춰주는 것이 아니기 때문이다. 제때 젖을 비워내지 않으면 엄마는 젖몸살을 앓을 수도 있기에 시간마다 유축기로 젖을 빼내야 한다. 이를 냉동실에 얼려서 위생에 문제가 없도록 보관한 뒤 얼려놓은 모유를 집으로 가져간다. 엄마가 출근해 있는 동안 얼려 놓은 모유를 녹여서 아이에게 주어야 완모를 달성할 수 있다. 엄마가 편히 유축기를 사용할 수 있는 공간을 갖춘 회사가 한국에 과연 몇이나 될지 의문이다. 결국 엄마는 모유수유를 위해 집에 꼼짝없이 갇혀 지내는 것을 감내하거나 모유수유를 포기하는 것 중 하나를 택해야만 한다.

'세이브더칠드런Save the Children'에서 조사한 연구에 따르면, 스웨덴은 세계에서 다섯 번째로 모유수유하기 좋은 나라라고 한다. 98%에 이르는 산모가 모유수유를 시도하고 4개월이 지난 이후에도 분유는 일절 주지 않고 완모를 유지하는 비율이 60%에 이른다.[25] 이웃 나라인 노르웨이의

24. 조선일보, [Why] 母性과 노출 사이…… 공공장소 모유수유 논란, 2016-03-19
25. Save the Children, Reports and Publications, https://www.savethechildren.org/us/about-us/resource-library

병원에서는 분유 제조업체가 제공하는 제품 일체를 지원받지 않는다. 또한 출산 직후에 산모가 올바른 모유수유법을 익힐 수 있도록 수유 전문가를 병원 내에 항시 대기시키고 퇴원 후에도 수십 주 동안 수유 지도를 이어간다. 그 결과 노르웨이 산모의 80%가 출산 후 6개월이 지나고 난 뒤에도 모유수유를 지속할 수 있다고 한다.[26]

스웨덴에서는 직장 환경이 모유수유를 하는 엄마에게 건강상 해를 가할 위험이 있는 경우, 엄마는 고용주에게 다른 보직으로 옮겨달라고 요구할 수 있다. 예를 들어 엄마의 모유를 통해 전달될 경우 아기에게 위험할 수 있는 물질을 다루는 일을 할 때다. 다른 보직으로 옮겨지더라도 이전에 받던 월급과 그 외 혜택을 고스란히 유지할 수 있는 법적 보호를 받는다. 만약 고용주가 새로운 보직을 찾아줄 수 없는 경우라면 엄마는 모유수유가 끝날 때까지 유급휴직을 신청할 수 있다.[27]

2년 전에 스웨덴에서 두 자녀를 키우는 엄마가 겪었던 일이다. 하루는 엄마와 아이가 도서관에서 시간을 보내고 있었다. 스웨덴의 많은 도서관에서는 걷지 못하는 아이들도 책을 즐길 수 있도록 아이들이 읽을 책과 기어 다닐 수 있는 공간을 마련해 놓는다. 배가 고프다고 칭얼대는 아기에게 엄마는 모유수유를 하려고 했다. 이때 도서관 사서가 다가왔다. 공공장소에서 모유수유를 하는 것이 적절치 않으니 모유수유를 멈춰 달라

---

26. PRI_GlobalPost, These are the best places to be a breastfeeding mother, 2015-08-06

27. Swedish Work Environment Authority, Discrimination, parental leave and right of association, 2018-05-09, https://www.av.se

고 했다. 이에 엄마는 격분했다. 마치 흑인이 검은색 피부로 인해 차별받지 않을 권리가 있는 것과 마찬가지로 여성은 엄마로서 아기에게 모유수유를 할 수 있는 권리가 있기 때문이다. 이 엄마는 현재 수유 차별 금지법을 만들기 위해 정치권과 절차를 밟고 있고 많은 엄마들로부터 좋은 호응을 얻고 있다.[28] 사실 나는 이 기사를 처음 접했을 때 적지 않게 놀랐다. 엄마의 반응과 실행력 때문이 아니라 도서관 사서의 행동을 이해하기 어려웠기 때문이다. 스웨덴의 공공장소에서는 엄마가 아기에게 모유수유하는 모습을 심심치 않게 볼 수 있었다. 카페에서, 레스토랑에서, 지하철이나 버스 안에서, 또는 공원 벤치에서 그동안 많이 봐왔다. 1년간 모유수유를 했던 아내도 공공장소에서 모유수유를 한 경험이 적지 않았다.

위 사례의 주인공 엄마는 첫 아이를 낳았던 2012년에는 공공장소에서 모유수유를 하는데 아무런 문제를 느끼지 못했는데 둘째 아이를 낳았던 2016년에는 사람들의 시선이 사뭇 달라진 것을 느꼈다고 주장했다. 만일 이 엄마의 말이 사실이라면 4년 사이 스웨덴 사람들에게 대체 무슨 일이 있었던 걸까? 어쩌면 단서가 될 수 있는 연구 결과를 하나 소개하고 싶다. 영국의 한 대학에서 스웨덴어로 발간된 그림책과 영어로 발간된 그림책에 묘사된 수유 모습을 비교 분석했다. 이 연구에 따르면 스웨덴어 그림책 속의 엄마는 가슴을 드러내고 모유수유하는 모습이 많은 반면, 영어 그림책 속의 엄마는 젖병으로 수유하는 모습이 많다고 한다.

---

28. The Local. 'Make a law to protect breastfeeding in public', 2016-03-11

미국과 영국 문화로 대표되는 영어권 나라에서는 엄마의 젖가슴이 성적 대상화가 되어 사람들에게 불편을 줄 수 있기 때문에 젖병으로 수유하는 모습으로 대체되었다는 것이다.[29] 이 연구 하나로 정확한 원인을 단정할 수는 없겠다. 하지만 수유 권리를 주장하는 당당한 스웨덴 엄마들 그리고 어려운 상황에서도 꿋꿋하게 모유수유를 하고 있는 한국 엄마들에게 주저 없이 박수와 응원을 보내고 싶다.

29. Epstein B.J., Breast Versus Bottle-The Feeding of Babies in English and Swedish Picturebooks, Journal of Children's Literature Research, Vol. 40, 2017 http://dx.doi.org/10.14811/clr.v40i0.269

3장

스웨덴 아빠가 육아하는 진짜 이유

혜택 누리기

우리 가족은 스웨덴에 살고 있기 때문에 아내는 좀 더 좋은 환경에서 육아를 할 수 있었다. 하지만 누구에게나 쉬운 육아는 없다는 것이 내 생각이다. 육아 천국에도 그늘진 곳은 존재하고 누구에게나 각자의 사정이 있기 마련이다. 보통 100일이 지나면 아기는 밤낮을 인식하고 규칙적으로 잠자는 것이 가능하다고 한다. 하지만 우리 아기는 그렇지 않았다. 쉽게 잠이 들지 않았다. 잠이 들려다가 깨어나기라도 하면 마치 심한 악몽에 시달리기라도 한 것처럼 고함을 지르며 울어댔다. 길면 서너 시간에 한 번, 짧을 땐 한 시간에 한 번씩 잠에서 깼다. 첫돌을 맞을 때까지 단 한 번도 밤새 깨지 않고 쭉 잠을 자는 일명 '통잠'이라는 것을 자 본 적이 없었다. 다섯 살이 된 지금은 잠 때문에 문제가 되는 일은 없지만 당시만 해도 '아이에게 무슨 문제가 있는 것은 아닐까' 걱정했을 정도였다.

항상 잠이 부족했던 아내는 깨어있는 동안 늘 멍한 상태였다. 시도 때도 없이 아이를 안아주다 보니 허리, 어깨, 손목이 늘 아프다고 호소했다. 퇴근하고 집에 돌아온 나를 맞이하는 모습이란 초점 없는 멍한 눈과 아픈 몸 때문에 부자연스러운 걸음걸이, 여기에 씻지 못해 부스스한 몰골이 영락없는 좀비였다.(놀라운 싱크로율은 기가 막힐 정도지만, 당시 사진을 첨부할 수 없음이 안타깝다.) 지금이야 농담을 섞어 이야기할 수 있지만, 당시 아내의 체력과 인내심은 점점 바닥을 향해 내리치고 있었다. 이는 아빠 휴직을 사용할 때가 다가왔음을 의미했다.

1. 엄마의 육아 우울증

장모님과 처제가 떠난 뒤로 내가 부담해야 할 가사는 당연히 많아졌다. 퇴근 후에 폭격을 맞은 것 같은 집안을 정리하는 건 언제나 내 몫이었다. 15분 안에 재빨리 요리를 접시에 담아내는 TV 속 셰프처럼 전력을 다해 최대한 빨리 저녁 식사를 준비하는 것도 내 몫이었다. 온종일 변변한 밥 한 끼 제대로 먹지 못하는 아내가 있는데 내가 불평을 한다는 것은 사치에 가까웠다. 여기에 아내가 시키는 각종 육아 관련 심부름도 기꺼이 응했다. 당시 나는 내가 할 수 있는 모든 것을 다하고 있었다. 아니, 사실은 아내에게 말할 수는 없었지만 나도 이미 내 삶의 많은 것들을 내려놓았다고 생각했다.

하루 24시간 중 온전히 나를 위해 쓰는 시간이란 이러했다. 점심시간에 동료들과 잡담할 때, 근무 중 잠깐 화장실에서 핸드폰을 뒤적일 때, 출퇴근 시간에 차 안에서 혼자 있을 때, 그리고 집에 돌아와 잠자리에 누운 채 핸드폰을 뒤적일 때가 전부였다. 아기가 생기기 전처럼 밖에서 친구들을 만나는 것은 꿈도 꾸지 못했다. 물론 아기의 웃는 얼굴을 볼 때면 이 세상 그 어떤 것과도 비교할 수 없는 깊은 행복을 느꼈지만, 나도 휴식을 취하고 싶었다. 주말이나 휴일에 아내와 같이 집에 있을 때면 누가 더 쉴 권리가 있는지에 대해 말다툼을 벌였다. 내가 엄마로 다시 태어나지 않는 이상에야 아빠로서 도와줄 수 있는 한계는 분명했는데 아내는 내가 할 수 없는 것 이상을 요구하고 있었다. 나도 이미 많은 것을 내려놓았고, 이미 충분히 집안일을 하고 있는데 이보다 뭘 더 어떻게 잘하라는 말인가?! 마땅한 타협점이나 해결책이 보이지 않은 채 몇 달이 지났다. 감정의 골은 서서히 깊어졌고 아내도 나도 지쳐갔다. 육아의 기쁨보다는 육아가 가져온 고단함과 상실감이 더 크게 느껴질 때도 있었다.

어쩌면 육아가 힘든 이유는 30년 넘게 지켜왔던 나를 내려놓고 대신 아이를 키우며 헌신과 희생을 통해 자기 자신을 사랑하는 법을 배워야만 하기 때문일 것이다. 우리는 사춘기를 맞이하기 전까지는 자신 안에 갇힌 자아를 키운다. 이후 친구를 만나고 사랑에 빠지기도 하면서 타인과 연결된, 즉 확장된 자아를 가지게 된다. 그리고 이제 한 아이의 부모가 되면 나의 일부지만 온전히 나는 아닌, 본인도 타인도 아닌 이 복잡 미묘한 존재를 돌봐야 하는 새로운 모습의 자아를 얻게 된다. 이 새로운 자아를 얻기 위해 기존의 자아는 완전히 '리셋reset'되는 과정을 겪어야 한다. 마치 새로운 기능이 추가된 OS가 스마트폰에 업데이트되는 과정과 비슷하다. 생각보다 시간도 오래 걸리고 그걸 계속 쳐다보고 있노라면 고통스러울 만큼 지루하다. 부모 기능이 추가된 새로운 버전의 우리가 되는 과정은 지지부진했다.

나를 위해 관심을 쏟으면 너무 이기적인 부모가 아닐까 싶어 관심은 오로지 아기를 향할 수밖에 없다. 거울을 보면 항상 피곤하고 아파하는 내가 모르는 내가 있다. 그런 사이 자존감은 낮아지기만 한다. 나를 향해

방긋 웃는 아이를 볼 때면 세상의 모든 힘든 일이 사라지는 것 같다. 하지만 그 찰나의 순간이 지나고 아무리 애를 써도 울음을 그치지 않는 아이를 마주하게 되면, 답답하고, 미안하고, 나 자신이 원망스럽기까지 하다. 이런 회피하고 싶은 순간들이 쌓여서 이 세상에 나 홀로 조그만 아이를 들고 서 있는 듯한 기분이 든다. 자신의 모습이 너무도 애처롭고 외롭게 느껴진다. 인생의 동반자가 되어주겠다고 약속했던 남편은 나를 단 1%도 이해하지도 못하고, 자기도 힘들다며 우는소리만 하고 있다. 엄마들에게 산후 우울증은 그렇게 찾아오는 게 아닐까 싶다.

"다들 이렇게 고생하면서 애를 키우나 봐."

"우리 부모님들도 우리처럼 고생 정말 많으셨을 거야."

"지금 힘든 순간들은 다 지나가고 좋은 기억들만 남겠지."

당시 내가 아내에게 했던 말들이다. 나는 왜 이 말들이 씨알도 먹히지 않았는지 그때는 이해하지 못했다.

어느 날 아내는 내게 육아휴직을 쓸 것을 요구했다. 스웨덴에서는 다들 그렇게 하기 때문에 나도 머지않아 육아휴직을 쓰게 될 거라 예상은 하고 있었다. 하지만 막상 아내가 말을 꺼내자 망설여졌다. 내가 잘할 수 있을까? 아이가 엄마를 찾을 텐데? 지금 하고 있는 일들은 어떻게 되는 거지? 수입이 줄어드는 건 어쩌지? 머릿속은 육아휴직을 쓰지 말아야 할 이유들을 찾기 시작했다. 하지만 아내의 지친 몰골과 말 속에 담긴 묵직한 무게 앞에 육아휴직을 쓰지 않겠다고 말할 수는 없었다.

합의 내용은 다음과 같았다. 아내는 아이가 생후 10개월이 되면 육아휴직을 마치고 복직을 한다. 나는 아이가 유치원에 다니기 시작할 때까지 육아휴직을 사용한다. 유치원은 잠정적으로 생후 15개월이 됐을 때 보내기로 한다. 5개월 동안이다. 아내는 10개월이나 했는데 나는 5개월밖에 되지 않는다. 그리 긴 기간이 아니라고 나는 반복해서 머릿속에 되뇌며 상황을 이해하려 애썼다. 이제 회사에 이 사실을 알려야 했다.

2. 회사에 육아휴직을 통보하던 날

육아휴직을 쓰기로 결정했지만 직장 상사에게 어떻게 첫마디를 꺼낼지가 떠오르지 않았다. 스웨덴에서는 남들 다 하는 아빠 육아휴직이 어려운 문제가 아닌데도 말이다. 당시 나는 북유럽 생활 11년 차, 스웨덴 직장 6년 차에 접어든 때였지만 한국인의 DNA는 그렇게 쉽게 지워지지 않았다.

스웨덴에서 처음 직장을 구한 곳에서 5년간 일을 했다. 그리고 다른 회사로 막 이직했을 때 첫째 아이가 태어났다. 새로 이직하게 될 곳과 면담을 진행할 때 나는 아내가 임신 중이라는 사실을 알렸다. 아마도 사측은 내가 이직 후 얼마 되지 않아 육아휴직을 사용할 거라 짐작했을 것이다. 당시 나는 직장 내에서 뛰어난 성과를 보여줘야 한다는 압박감에 시달리고 있었다. 회사에서 지나친 요구나 압박이 있었던 것은 아니다. 원인은 바로 나 자신에게 있었다. 스웨덴어라는 언어 장벽이 있었고 직장에서 유일한 동양인이었기 때문에 많은 사람들 가운데 쉽게 눈에 띄는 존재였다. 어쩌면 사람들은 전혀 신경 쓰지 않았을지도 모르지만 나는 이 점을 스트레스로 받아들이고 있었다. 나는 스웨덴에 살고 있는 이민자로서 평소 인종차별을 받고 있다고 생각해 본 적은 없었다. 하지만 내가 이민자이기 때문에 다른 동료들처럼 회사 내 조직 문화에 쉽게 동화될 수 없었다. 이에 나는 실력으로 내 존재가치를 증명해야 했다. 그래서 전력을 다해 일하고 남보다 더 뛰어난 성과를 보여주고 싶었다. 아무도 맡고 있지 않던 묵혀둔 프로젝트를 자진해서 맡았던 것은 바로 이런 이유에서였다. 프로젝트가 한창 진행 중이던 때에 육아휴직을 시작해야 했다. 내가 맡은 일들을 내려놓고 싶지 않았다. 육아휴직이 내 발목을 잡는다는 생각도 들었다. 하지만 결정은 이미 내려졌고 바꿀 수 있는 여지는 없었다.

휴직 시작일로부터 최소 두 달 전에만 육아휴직 계획을 회사측에 미리 알려주면 된다. 하지만 나는 인수인계를 위해 최대한 일찍 사측에 알려야 한다고 생각했다. 여전히 나는 한국인이었던 것이다. 그래서 휴직 시작일로부터 넉 달 전에 매니저와 미팅을 잡았다.

뒤에 이어질 매너저와의 대화를 소개하기에 앞서 독자분들께 한 가지를 분명히 해두고 싶다. 이 대화는 이솝우화처럼 너무나 착하고 마치 모범 답안 같아서 현실에는 없을 법하지만 100% 실화다.

당시 진행 중이던 프로젝트에 관한 이야기를 하다가 마무리가 지어질 때쯤 나는 이렇게 말을 꺼냈다.

나 다른 사안이 하나 더 있습니다.

매니저 네, 뭔가요?

나 육아휴직을 신청하고 싶습니다.

매니저 당연히 그렇게 해야죠. 축하합니다.

나 네. (축하합니다는 무슨 뜻이지?) 잘하는 선택인지는 모르겠지만, 그렇게 됐습니다.

매니저 당연히 잘된 결정입니다. 저도 제 아이들이 태어났을 때 매번 육아휴직을 사용했고 지금도 그때 결정이 옳았다고 생각합니다.

나 하지만 제가 주도적으로 맡은 프로젝트가 지금 한창 진행 중인데 육아휴직 때문에 차질을 줄 것 같아 죄송한 마음입니다.

매니저 일 걱정은 회사의 몫이고 이런 상황을 관리하는 게 바로 매니저의 역할입니다. 당신의 몫은 아버지로서 육아휴직을 사용하는 겁니다.

나 그렇게 말씀해주시니 정말 고맙습니다. 솔직히 말씀드리면 이직한 지 얼마 되지 않아 아직 뚜렷한 성과를 내놓은 게 없습니다. 제가 앞으로 이 회사에서 하고 싶은 일도 많은데 이렇게 중간에 멈추는 것이 마음에 좀 걸립니다.

매니저 스웨덴에서 정년은 65세니까 앞으로 당신이 원하기만 하면 30년 이상은 더 일하게 될 겁니다. 정말 시간이 부족하다고 생각하나요? 당신 아이는 지금 이 순간만 아이지, 이 시간이 지나가면 아이는 다시 아이가 될 수 없습니다.

육아휴직 기간을 더 늘리고 싶으면 나중에라도 알려달라는 매니저
와의 말과 함께 미팅은 끝났다. 처음에는 매니저의 의연한 태도에 적잖이
당황했다. 회사에서 내 역할이 그동안 너무 미미했던 것이 아닐까 하는
서운하고 걱정스런 마음도 들었다. 하지만 매니저의 마지막 말에 나는 깨
달음을 얻었다. 마치 방망이 깎는 노인에게 삶의 지혜를 배운 것처럼, 지
금 어린아이와 보낼 수 있는 시간에도 유효기간이 있음을 깨달은 것이었
다. 우리는 흔히 부모는 자식을 기다려주지 않는다고 하지만, 사실 자식
도 부모를 기다려주지 않는다.

내가 진행하던 업무는 결국 컨설팅 업체가 대신 맡게 되었다. 나는 컨
설팅 업체를 고용하는 비용이 걱정되어 동료들이 업무를 조금씩 분담해
주었으면 했다. 하지만 업무 특성과 현재 동료들이 맡고 있는 업무량을
고려할 때 다른 방법이 없다는 게 매니저의 설명이었다. 컨설팅 업체는
예상보다 비싼 견적을 들고 왔지만 그보다 좋은 조건의 업체를 찾을 수
없었다. 나는 다시 매니저에게 미안한 마음을 전했다. 이에 매니저는 육
아휴직을 통해 나의 존재가치를 회사에 분명히 보여줬다고 말했다. 회사
는 그동안 내 덕에 많은 비용을 아껴왔고 또 앞으로 복직 후에 그만큼 회
사에 기여할 것을 알게 되었으니 회사가 오히려 나에게 감사해야 한다는
것이었다. 매니저의 말에 나는 다시 한번 감탄하지 않을 수 없었다. 솔직
히 이 대목에서 과연 모든 매니저들이 이런 반응을 보였을지는 의문이
다. 아마 회사 규모가 작아 대체 인력을 찾기가 어렵고 추가 지출 여력이

없는 경우라면 회사의 입장은 정말로 난처했을 것이다. 하지만 일이 복잡하고 꼬여 있을 때는 원칙을 따르는 것이 우선이다. 육아휴직은 사원 고유의 권리로 회사는 이를 막을 수 없다. 휴직으로 인해 발생한 관리 부담은 회사의 책임이지 사원의 책임이 아니다. 사측에서 '나가려거든 네가 대신 일할 사람을 먼저 찾아놓으라'고 말하는 것은 정말 잘못된 태도다.

그렇게 아내는 약속했던 10개월의 육아휴직 기간을 채웠고 이제 내 차례가 되었다. 육아휴직 전 사무실에서의 마지막 날, 업무 인수인계를 마무리짓고 회사 동료들과 휘까 시간을 가졌다. 사무실을 나서는 길에 동료들로부터 라떼파파를 응원한다며 아이 옷을 선물로 받았다. 내일이면 출근을 하지 않아도 된다고 생각하니 기분이 묘해졌다. 육아휴직에 대한 기대감과 불안감이 뒤섞여 있었다.

3. 육아휴직 수당

육아휴직을 시작하기 전 우리 부부는 그 기간 동안 받게 될 육아휴직 수당을 계산하기 위해 머리를 맞대고 날짜를 맞췄다.

스웨덴 정부가 아이의 부모에게 지급하는 유급 육아휴식일 수는 총 480일이다. 그중 출산 후 첫 2주간은 엄마와 아빠 모두가 사용해야 한다. 다른 때에 사용하는 육아휴직 수당과 달리 첫 2주는 사용하지 않으면 자동으로 소멸되기 때문에 사실상 부모에게 특히 아빠들에게 육아휴직을 강제하는 효과가 있다. 당사자가 부득이하게 출근해야 하는 경우라면 어쩔 수 없겠지만, 적어도 내 주변에서는 그런 경우를 본 적이 없다. 만약 내가 출근하는 회사에서 아이가 태어난 지 2주가 지나지 않았는데도 출근하는 직원이 있다면 동료들이 무척 이상하게 여길 것이다. 아마도 동료 직원들은 '얼마나 담당 매니저가 무능하고 회사 시스템이 엉망이길래 애가 태어난 지 2주도 안 되는데 부모가 출근해야 할까?'라며 해당 상사와 회사를 비난할 것이다. 나도 마찬가지로 첫 2주는 육아휴직을 사용했다. 출산 후 아내의 회복은 더뎠고 아이의 황달이 쉽게 없어지지 않아 통원 치료가 필요했기 때문에 우리는 첫 4주 동안 육아휴직을 함께 사용했다.

주말을 제외하고 첫 4주간 아내와 내가 함께 쓴 육아휴직일 수는 총 40일(=5일×4주×2명)이었다. 이제 남은 440일은 아내와 내가 자유롭게 나눌 수 있었다. 스웨덴의 육아휴직 제도는 엄마 아빠의 편의에 맞춰 어떠한 비율로 나눠도 문제가 되지 않는다. 단, 스웨덴 정부는 양성평등 문제를 개선하기 위해 부모 중 한 사람이 480일 중 390일 이상은 쓸 수 없도록 막아 두었다. 따라서 엄마와 아빠 모두가 적어도 90일은 이상은 반드시 육아휴직을 써야만 한다. 또한 첫 2주를 제외한 460일은 그 시기를 부모가 얼마든지 자유롭게 선택할 수 있다. 15개월 동안 460일을 모두 사용해도 되고, 아니면 육아휴직 기간을 길게 24개월 또는 그 이상으로 잡고 육아휴직 수당을 조금씩 나누어 받아도 된다. 아니면 육아휴직 기간 동안 육아휴직 수당을 모두 받지 않고 남겨두었다가 나중에 사용해도 된다. 단, 아이가 만 7세가 되기 전까지는 모두 사용해야 한다.

우리는 아내가 첫 10개월 동안 육아휴직 수당을 받았고 다음 5개월 동안은 내가 육아휴직 수당을 받았다. 이 기간 동안 우리는 1주일을 5일로 잡아 총 360일의 육아휴직 수당을 받았다. 아이는 유치원을 다니기 시작했고 우리는 120일의 육아휴직 수당을 남겨두었다. 이후 여름 휴가철에 유치원이 길게 문을 닫는 경우, 그리고 크리스마스와 부활절 연휴 때 더 긴 연휴를 만들기 위해 남겨둔 수당을 사용할 수 있다. 아이의 나이가 네 살 반인 지금도 아직 60일가량의 육아휴직 수당이 남아있다.

육아휴직 기간은 직원이 정해야 한다. 회사가 정해 주는 게 아니다. 상황에 따라 회사측이 육아휴직 기간을 며칠 조정해달라고 부탁할 수는 있겠지만, 부탁 그 이상을 요구할 수는 없다. 육아휴직은 노동법으로 보장된 사원의 권리이기 때문이다. 스웨덴에서도 어떤 부모는 육아보다 회사 내 경력 개발을 우선으로 생각할 수 있다. 하지만 이는 온전히 본인의 선택일 뿐, 회사 분위기 또는 경력 단절에 대한 우려 때문에 어쩔 수 없이 내리는 결정이 아니라는 점에서 한국의 경우와 큰 차이가 있다.

기간을 직원이 마음대로 선택할 수 있다고 해서 모두가 몇 년이고 길게 육아휴직을 쓰는 것은 아니다. 육아휴직 수당을 받을 수 있는 날은 480일로 정해져 있기 때문에, 기간이 길면 길어질수록 하루 평균 받게 되는 육아휴직 수당은 줄어들기 때문이다. 따라서 경제적인 부담을 느끼는 부모라면 정해진 육아휴직 수당을 짧은 시간 내에 최대한 많이 받고 일찍 회사에 복직할 것이다. 이처럼 스웨덴이 자랑하는 육아휴직 제도는 부모들의 상황을 고려해 탄력적으로 사용할 수 있다. 복지국가로 잘 알려진 노르웨이나 덴마크의 육아휴직 제도도 스웨덴의 육아휴직 제도만큼 유연하지는 못하다.

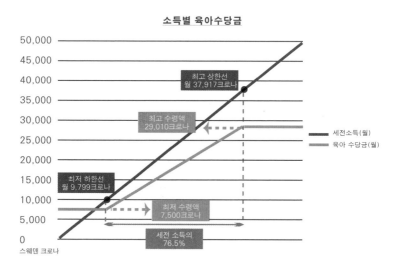

소득별 육아수당금

▶ 육아휴직 수당은 세전 소득의 76.5%를 기본으로 하지만 형평성을 위해 상한선과 하한선도 함께 두고 있다.

육아휴직 수당은 평소 세전 수입의 76.5%를 기본으로 한다.[30] 스웨덴 평균 임금은 월 29,800크로나, 한화로 월 387만 원이다.(남자가 월 396만 원, 여자가 월 383만 원으로 스웨덴에서도 아직 남녀 간에 임금 격차가

30. Försäkringskassan(Swedish Social Insurance Agency), Parental benefit, https://www.forsakringskassan.se

존재한다).[31] 주 7일을 기준으로 육아휴직 수당을 받는다고 가정하면 월 평균 22,800크로나(약 296만 원)가 된다. 여기에 세율을 적용하면(지방정 부마다 세율이 다르지만 편의상 30%로 가정했다) 실수령액은 월 15,960 크로나, 약 207만 원이다. 하루 7만 원꼴이다. 한국보다 비싼 스웨덴의 물 가를 고려하면 그리 넉넉한 금액은 아니다. 하지만 스웨덴에서는 맞벌이 가정이 대부분이기 때문에 육아휴직을 쓰지 않은 배우자의 수입이 유지 되는 것을 감안하면 경제적 어려움을 겪을 정도는 아니다.

북유럽 복지제도에 어느 정도 익숙한 독자는 소득과 관계없이 76.5% 의 동일한 육아휴직 수당 비율이 적용되는 것을 의아하게 생각할 수도 있다. 스웨덴 같은 복지국가라면 소득이 많은 사람에는 육아수당액을 상 대적으로 낮게 하고, 소득이 적은 사람에게는 수당액을 상대적으로 높게 하는 것이 형평성에 맞을 것 같기 때문이다. 하지만 이 계산에는 세금이 포함되지 않았다. 육아수당액이 많으면 높은 세율이 적용되고 적으면 낮 은 세율이 적용된다. 따라서 지급받는 실수령액에는 수입 차에 따른 형 평성이 여전히 고려되어 있다.

여기에 수령자의 수입이 기준보다 높거나 낮은 경우는 예외가 적용된 다. 세전 수입이 상위 10% 이상인 경우 수령액은 월 29,010크로나(약 377 만 원)에서 더 이상 올라가지 않는다. 반대로 세전 수입이 하위 10% 이하 인 경우 수령액은 월 7,500크로나(약 97만 원)에서 더 이상 내려가지 않

---

31. Statistiska centralbyråns, Statistical database, Average monthly salary by occupation, 2017

는다. 평소 일을 하지 않던 부모가 육아휴직을 사용하게 되는 경우 최저 수준의 육아휴직 수당을 받게 된다. 하지만 스웨덴에서 아이를 키우는 대부분의 가정은 맞벌이 가정이다. 본인의 수입이 없는 상황에서 배우자의 수입 없이 홀로 아이를 키우는 경우는 극히 드물다. 설령 이런 경우가 있다고 해도 뒤에 소개할 스웨덴의 각종 사회보험이 경제적으로 취약한 부모들을 보호하고 있다.

4. 직장 육아휴직 지원금

여기에 더해 직장에서 지원하는 육아휴직 지원금이 있다. 앞서 설명한 바와 같이 육아휴직 신청자의 소득 수준이 상위 10% 이상인 경우 최고 상한선에 걸려 실수령액은 평소 본인 소득에 크게 못 미치게 된다. 연봉이 한화로 1억 원이든 5억 원이든 육아휴직 수당은 상한선인 월 377만 원에 묶여 있기 때문이다. 이들 고소득 노동자를 위한 복리후생의 하나가 바로 직장 육아휴직 지원금이다. 내가 근무하고 있는 회사의 경우 이 지원금은 정부로부터 받는 실수령액에 더해진다. 이 지원금 덕분에 총 수당 금액이 육아휴직 첫 여섯 달은 평소 급여의 90%, 이후 여섯 달은 80%가 되도록 보장해 준다. 직장 육아휴직 지원금은 의무 사항은 아니기 때문에 시행 여부는 회사의 자율적인 결정에 따르고 있다.

직장 육아휴직 지원금을 포함해 사원을 위해 지불하는 복지관련 비

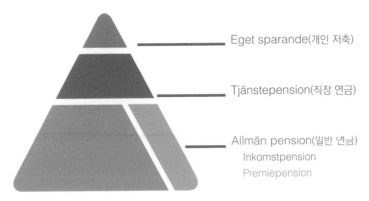

Eget sparande(개인 저축)

Tjänstepension(직장 연금)

Allmän pension(일반 연금)
Inkomstpension
Premiepension

출처: www.pensionsmyndigheten.se

용은 회사 차원에서는 절대 만만치가 않다. 직원 개개인의 연금, 건강보험, 사회보장제도를 지원하기 위해 사측에서 부담하는 평균 비용은 직원 급여의 31% 수준에 이른다.[32] 여기에 휴가 보조금, 출장 보조금, 초과근로 수당 등을 더하면 사측이 직원 인건비로 지출하는 비용은 더욱 커진다. 이들 비용 중 가장 큰 비중을 차지하는 것이 직원 연금이다.

스웨덴 연금제도를 이해하면 사원이 받는 복지 혜택의 크기와 회사가 지출하는 비용 부담을 어느 정도 이해할 수 있다. 연금은 한 개인이 퇴직하기 전까지 본인이 낸 세금의 일부를 퇴직 후에 정부가 돌려주는 것을 기본으로 한다. 보통 퇴직 직전에 받았던 월급의 60~80%에 해당하는 금액이다. 여기에 더해 총 연금 수령액의 10~20%는 고용주들이 부담

32. GLOBAL PAYROLL RESOURCES, Understanding Payroll in Sweden: What Global Companies Need to Know About Sweden Payroll, 2016-12-25

한다. 이를 위해 스웨덴의 많은 기업들은 금융투자 회사와 제휴를 맺는다. 직장 육아휴직 지원금은 이들 제휴사가 제공하는 일종의 추가적 혜택이다. 사원 입장에서는 마다할 이유가 없다. 마지막으로 본인이 원한다면 민간 연금에 가입해 퇴직 후에 5~10%에 해당하는 금액을 추가로 받을 수도 있다. 만약 한 개인이 이 세 가지 모두를 받는다면 연금 수령액은 퇴직 전 월급의 100% 또는 그 이상을 받을 수 있다.

5. 스웨덴 사회보험

스웨덴 또한 맞벌이 가정이 흔하다. 스웨덴 통계청 자료에 따르면, 35~44세 남자의 91%가, 같은 연령대 여자의 86%가 직업을 가지고 있다.[33] 한국과 비교되는 가장 큰 차이를 꼽으라면 이들 맞벌이 가정은 아이의 조부모나 베이비시터의 도움 없이 직장과 육아를 병행한다는 점이다. 육아휴직 제도와 더불어 양육자를 위한 각종 사회보험 덕분에 가능한 일이다.

스웨덴 복지제도의 핵심은 사회보험제도에 있다. 적용되는 대상 범위는 넓으면서도 그 안에 담긴 내용은 꼼꼼하다. 과거 지역별로 분리되어 운용되던 기금이 2005년 이후 하나로 통합되어, 스웨덴 사회보험공단Försäkringskassan(영어 명칭은 Swedish Social Insurance Agency)은 거대 정

---

33. Statistiska centralbyråns, Statistical database, Population aged 15-74(LFS) by sex, age, labour status, observations and year, 2017

부기관이 되었다.[34] 이 기관에서 1년 동안 지급하는 수당의 총액이 스웨덴 국민총생산의 5%를 차지한다고 하니[35] 스웨덴 사회에 미치는 사회보험의 영향력을 가늠할 수 있다. 스웨덴 사회보험은 경제적 지원을 통해 사회적 약자를 보호하는 데 일차적 역할이 있지만, 사회불평등을 해소하는 역할도 함께 맡고 있다. 소득이 높은 사람에게는 세금을 많이, 소득이 낮은 사람에게는 세금을 적게 징수해서 모아진 돈이 사회적 약자에게 쓰이기 때문이다.

50개에 달하는 각종 사회보험 중에 우리 가족에게 해당되었던 임신수당과 양육 보조금 그리고 자녀간호 수당에 대해 잠깐 소개하고자 한다.

• 임신 수당

임신으로 직장 생활이 어려운 산모에게 조금 일찍 일을 마치고 집에서 휴식을 취할 수 있도록 마련된 제도다. 모든 산모에게 적용되는 것이 아니라 의학적 사유를 충족한 산모들에 한해서 적용된다. 하지만 수령자 수는 스웨덴 전체 산모 중에 다섯 명 중 한 명꼴이라고 하니 결코 적은 숫자는 아니다. 지원금은 일률적으로 지급하는 것이 아니라, 임신 수당을 신청한 날짜 수에 따라 달라진다. 임신 수당 수혜 기간은 평균 41

---

34. "Regeringens proposition 2003/04:69 En ny statlig myndighet för socialförsäkringens administration", Socialdepartementet/Regeringen Persson. Arkiverad från originalet den 24 maj 2015. Läst 4 januari 2012.

35. Försäkringskassan(Swedish Social Insurance Agency), Social Insurance in Figures 2018, 2018

일, 수당액은 하루 평균 597크로나(약 8만 원)로 산모 한 명이 받는 임신 수당은 평균 320만 원이다. 내 아내의 경우 입덧이 심한 편이기는 했지만 임신 수당을 사용할 정도는 아니었다.

• 양육 보조금

자녀 수	양육 보조금	가족 보조금	총 지원금	한화
1	1,250크로나	-	1,250크로나	16만 원
2	2,500크로나	150크로나	2,650크로나	35만 원
3	3,750크로나	730크로나	4,480크로나	58만 원
4	5,000크로나	1,740크로나	6,740크로나	88만 원
5	6,250크로나	2,990크로나	9,240크로나	120만 원
6	7,500크로나	4,240크로나	11,740크로나	153만 원

▶ 양육 보조금은 자녀 수에 따라 달라지며 자녀가 만 16세가 될 때까지 매달 지급된다. 출처: 스웨덴 사회보험공단 홈페이지

스웨덴 정부는 직장 유무와 소득 수준과 관계없이 양육자에게 아이가 만 16세가 될 때까지 자녀 한 명당 1,250크로나(약 16만 원)의 지원금을 매달 지급한다. 자녀가 두 명 이상인 가정에는 약간의 가족 지원금이 더해진다. 자녀가 둘인 우리 가정의 경우 아내 통장에 매달 2,650크로나(35만 원)가 입금된다. 양육 보조금은 아주 큰 금액은 아니지만 아래 표와 같이 자녀 수가 많은 가정에는 직접적인 경제 지원책이 될 수 있다. 또한 만 16세까지 지급되는 긴 기간을 고려한다면 이 보조금은 무시 못 할

경제적 지원임이 분명하다.

• 자녀간호 수당

한국에서 자녀를 키우는 많은 맞벌이 가정은 갑자기 아픈 자녀를 보육 시설에 보낼 수 없게 되었을 때 난처한 상황에 부닥치게 된다. 어린아이에게 흔히 있을 법한 감기나 전염병은 늘 예고 없이 불쑥 찾아온다. 만약 주변에 부모 대신 아이를 돌봐줄 사람을 구할 수 없다면 부모 중 누구 한 사람은 집에서 아이를 간호하기 위해 연차를 써야 한다. 회사에 여간 눈치가 보이는 일이 아니다. 스웨덴의 자녀간호 수당은 이런 경우에 처한 부모를 위해 마련된 제도로, 생후 8개월 이상 만 12세 미만의 아이를 둔 직장인 부모라면 누구든지 사용할 수 있다.[36]

스웨덴에서는 이 제도를 흔히 '바브VAB'라고 부른다. 'Vård Av Barn'의 앞글자를 딴 것이다. 영어로 직역하면 'Care for a child', 즉 자녀간호다. 아이 몸에 열이 있거나 아이 몸 상태가 좋지 않을 때 우리 부부는 내일 누가 집에 남아서 아이를 간호할지 결정했다. 그리고는 당일 아침 전화나 회사 메일을 통해 상황을 통보한다. 감기나 독감과 같은 전염병이 번지는 겨울철에는 자녀 수당을 사용하는 부모가 워낙 많아 회사측에 길게 설명할 필요도 없다. '오늘 바브를 써야 합니다.Jag vabbar idag' 이 한 문장

---

36. Försäkringskassan(Swedish Social Insurance Agency), Vård av barn VAB, https://www.forsakringskassan.se

이면 끝이다. 직장 상사의 눈치를 보지 않아도 된다. 자녀간호 수당 역시 직원이 사용할 수 있는 정당한 권리이기 때문이다. 영어에서 마치 구글 Google이라는 고유명사가 '구글 검색을 하다'라는 의미로 사용되는 것처럼, 스웨덴에서 바브라는 단어는 '자녀간호를 위해 집에 머물러야 한다'라는 의미로 사용된다. '바브'라는 단어와 1년 중 바브를 가장 많이 사용하는 2월인 스웨덴어의 '페브라리febuari'를 합쳐 '바브라리vabuari'라는 신조어가 등장할 정도다.

한번은 아이가 감기에 걸려 다음날 누구 하나는 집에서 아이를 돌보아야 했다. 나는 내일 정말 중요한 회의가 있으니 아내에게 집에 있어 달라고 부탁했다. 다음 날 아침, 사무실에 가 보니 회의 참석자 중 한 명이 바브를 써야 해서 회의가 취소되었다는 메일이 와 있었다. 이런 일은 감기가 유행하는 겨울에는 흔한 일이다. 실제로 스웨덴의 경제 인구 5백만 명 중에 자녀간호 수당을 받는 수령자는 매년 83만 명에 이른다.[37]

자녀간호 수당을 사용하는 부모는 연차를 사용하지 않고, 회사로부터 해당 일에 대해 임금도 받지 않는다. 대신 정부로부터 지급되는 수당을 받게 되는데 수령액은 앞서 설명한 육아휴직 수당과 비슷한 수준이다. 아픈 자녀를 간호하기 위해 생긴 경제적 손실을 국민의 세금으로 보전해주는 제도라고 보면 옳다. 수당을 받으려면 스웨덴 사회보험공단 홈페이지에 접속해서 아이가 아픈 사유와 자녀를 간호하기 위해 일하지 못

---

37. Försäkringskassan(Swedish Social Insurance Agency), Social Insurance in Figures 2018, 2018

한 시간을 입력하면 된다. 그걸로 끝이다. 아이가 정말로 아팠는지를 확인하기 위해 진단서를 첨부할 필요도 없다. 북유럽을 포함한 유럽 다른 나라 중에 진단서 첨부 없이 자녀간호 수당을 지급받을 수 있는 나라는 스웨덴뿐이다. 혹시 허술한 절차를 틈타 자녀 수당을 오남용하는 경우를 의심해 볼 수 있다. 하지만 통계상으로는 그렇지 않다. 1년 중 자녀간호 수당을 신청한 날은 아빠가 평균 6.9일, 엄마가 8.5일에 그친다. 내 경험에 비추어 보더라도 자녀 수당을 오남용해야 할 동기가 크지 않다. 수당이 임금의 100%를 보전하는 것도 아닐뿐더러, 회사 일에 지장을 주는 게 분명하기 때문이다. 그날 계획한 업무량이 있고, 동료들과 약속한 일정도 있다. 간혹 나와 아내 모두 다음날 회사에 중요한 일이 있을 때는 누구의 일이 더 다급한지를 놓고 장시간 논의를 한 적도 있다.

수시로 사용하는 자녀간호 수당으로 인해 노동생산성이 떨어진다고 생각할 수도 있다. 하지만 사실은 정반대이다. 감기와 같이 전염성이 높은 질환을 앓고 있는 아이가 등원을 한다면 유치원 내 어린이들 사이에서 삽시간에 퍼질 수 있다. 한두 살 먹은 어린아이들은 장난감을 서로 돌아가며 물고 빨며 논다는 점을 상기하면 이해가 쉽겠다. 이제 그 아이들은 그 질병을 가지고 각자의 가정으로 돌아가 사랑하는 가족들에게 나누어 준다. 한 명의 아이에서 시작해 같은 반에 있는 15~20명에 달하는 아이들, 그리고 그들 가정에 있는 4~5명의 가족에까지, 순식간에 100명에 달하는 사람들이 감염 위험에 노출된다. 부모가 그날 하루 직장에 나가려고 아픈 자녀를 유치원에 보내는 것은 호미로 막을 것을 가래로 막는 경우라 할 수 있다. 결과적으로 자녀간호 수당은 국민 전체의 건강을 지키고, 사회 전체의 의료비 지출을 줄이고, 경제 인구의 노동력을 유지시킬 수 있는 매우 효과적인 제도이다.

4장

스웨덴 아빠가 육아하는 진짜 이유

소확행 실천하기

육아휴직 중인 나의 일상은 비슷한 날들의 연속이었다. 하루가 대충 이런 식으로 흘러갔다. 아침에 먼저 일어난 아이가 나를 깨운다. 아침을 먹는다. 집에서 아이와 한두 시간 뒹굴며 놀다 보면 아침잠을 잘 시간이다. 나도 아이와 같이 잔다. 자고 일어나 점심을 먹는다. 분주하게 외출 준비를 마치고 시계를 보면 12~13시 정도이다. 아내가 퇴근하려면 17~18시가 되어야 한다. 지금부터 다섯 시간 남짓 되는 오후의 나들이 시간에 대해 이야기해 보려 한다.

요즘 한국에선 소확행小確幸이라는 말이 유행이다. '작지만 확실한 행복'을 뜻하는 말로, 특별한 성취가 아니더라도 소소한 것을 이루어 행복을 느끼는 삶의 태도를 말한다. 소설에서 이 단어를 처음 사용한 무라카미 하루키는 '막 구운 따끈한 빵을 손으로 뜯어 먹는 것', '서랍 안에 반듯하게 접어 넣은 속옷이 잔뜩 쌓여 있는 것', '새로 산 정결한 면 냄새가 풍기는 하얀 셔츠를 머리에서부터 뒤집어쓸 때의 기분'으로 소확행을 설명했다. 남들에게 자랑할 만한 거창한 무언가를 손에 넣으려 하기보다는 소소해서 그냥 지나쳐버릴 수도 있는 기분 좋은 일상들을 자신의 행복 상자에 차곡차곡 쌓아놓은 삶, 이것이 바로 소확행이 전해주는 삶의 메시지다. 우리가 소확행을 매력적으로 느끼는 것은 남 부럽지 않은 삶을 꿈꾸기 위해 매일같이 스스로를 채찍질해야 하는 고달픈 일상에 지쳤기 때문이다. 흔히 스웨덴을 '지루한 천국', 한국을 '재미있는 지옥'이라고 부른다.[38] 한국을 방문한 경험이 있는 스웨덴 청년들에게 한국은 눈이 휘둥

38. 시사저널, 지루한 천국, 재미있는 지옥, 2003-07-22

그레질 만한 볼거리와 놀거리를 갖춘 축제와 같은 나라다. 하지만 그들도 축제를 끝낸 뒤 가정을 꾸릴 생각을 하면, 한국에서 밤늦도록 일하면서 자녀들을 치열한 입시경쟁으로 내몰 생각은 추호도 없을 것이다. 우리 가족은 소확행을 실천하기 위해 이곳에 와 있다고 해도 과언이 아니다. 특히 나처럼 직장을 뒤로하고 아이와의 시간에 집중할 수 있는 육아휴직 중인 부모에게는 더욱 그러했다.

1. 아빠 육아를 시작하다

육아휴직을 시작한 첫날이 아직도 생생히 기억난다. 아내가 아침 일찍 출근하자 나는 생후 10개월 된 아이와 단둘이 남겨졌다. 긴장도 되고 걱정을 많이 한 탓인지 아이보다 먼저 잠자리에서 일어났다. 이 세상 최고의 아빠가 되어주겠다고 다시 한번 다짐했다. 얼마 뒤 방에서 우는 소리가 들려왔다. 아빠 육아의 시작이었다. 계획대로 아침 식사를 준비했다. 재료를 구하기도 쉽고 만들기도 편한 그뢰트gröt을 만들었다. 곡물을 갈아 만든 일종의 죽으로, 보통 쌀 또는 귀리를 물이나 우유에 넣고 같이 끓여 준비한다. 아기용 그뢰트은 우유로 끓인 뒤 단맛이 나는 과일 퓌레와 함께 내놓는 것이 보통이다. 음식이 준비됐다. 내 머릿속에는 어미 새가 먹이를 구해오면 아기 새가 입을 쩍 벌리고 넙죽 받아먹는 모습이 그려져 있었다. 아이는 첫 몇 숟가락은 잘 받아먹더니만 이내 자기가 숟가락을 쥐겠다고 고집부렸다. '아이의 자율성을 키워 줘야 해. 좋은 아빠라면 창의적인 아이가 되려는 걸 결코 방해하지 않을 거야'라는 생각이 들었다. 숟가락이 아이 손에 쥐어졌다. 아이는 무척이나 좋아했다. 하지만 10개월 된 아이가 숟가락질을 능숙히 할 리 없었다. 숟가락은 뺨에 갔다가 코에 갔다가 얼굴 여기저기를 돌아다녔다. 그러다가는 눈에 숟가락을 넣겠다 싶어서 휘둘러 대는 아이의 손을 붙잡았다. 나의 완력에 아이는 저항했다. 실랑이가 벌어졌다. 그 사이 음식은 사방팔방으로 뿌려졌다. '저거 바닥에 들러붙으면 청소하기 번거로운데'라는 생각이 스쳤다. 아이는 울음을 터뜨리고 말았다. 밥 말고 엄마를 내놓으라고 시위하는 것만 같았다.

'이게 아닌데……' 몇 초간 공황상태에 빠졌던 나는 다시 정신을 차리

아빠 육아 첫날, 혼자서 이유식을 먹겠다고 우겼던 아이는 결국 이유식을 얼굴로 먹었다.

려고 애썼다. 아이의 기분을 달래려고 재롱잔치까지 벌였다. 몇 분 달래
주니 기분이 좀 풀렸는지 숟가락을 다시 잡아보려고 했다. 아이가 또 울
지도 모른다는 생각에 숟가락을 아이 손에 쥐여줄 수밖에 없었다. 아이
는 자유롭게 숟가락을 이리저리 휘둘렀지만 이번엔 아이를 제재할 수 없
었다. 울지나 않으면 다행이었다. 몇 분 뒤 부엌은 아수라장으로 변해 있
었다. 나도 모르게 한숨이 나왔다. 접시 안에 담겨 있던 음식의 절반은
바닥과 벽에 붙어 있었다. 반의반은 얼굴에 붙어 있었다. 나머지 반의반
이 아이의 입으로 들어갔다. 다행히도 녀석은 배가 불렀는지 아니면 신
나게 놀아서 기분이 좋은 건지 만족스러운 모습으로 앉아 있었다. 그제
서야 나는 숟가락과 접시를 집어 들고 더 늦기 전에 바닥과 벽에 붙은 음
식을 닦았다. 행주를 들고 식탁 밑과 아이의 의자 밑을 걸고 기면서 바닥
을 닦았다. 밑으로 기어 다니는 나를 보자 아이는 재밌다는 듯 소리 내
웃었다. '이런 괘씸한 녀석 같으니······.' 처음 마주하는 아들의 모습이었
다. 하지만 며칠 지나면서 요령이 생겼다. 아침 식사 때면 바닥 청소를 대
비해 미리 천을 깔아두고 아이에게 먹기 좋게 음식을 뜬 상태로 숟가락
을 건네주었더니 곧잘 받아먹었다.

　육아는 전혀 생각지도 못한 방향으로 흘러갔다. 늘 그랬다. 하루는 내
가 잠시 화장실에 있는 동안 웬일인지 혼자 잘 있나 싶었다. 밖으로 나와
보니 문 앞에 쌓아 둔 신문지를 하나씩 입으로 갈기갈기 찢어 먹고 있었
다. 육아 중에는 이렇듯 대책 없는 순간이 자주 찾아왔다. 한번은 육아

휴직 중이었던 이전 직장 동료와 스톡홀름 시내에 있는 선사 박물관에서 만났다. 아이들은 유모차를 타고 박물관 안을 관람했다. 박물관 안에는 아이들을 위해 유물 발굴을 체험할 수 있는 공간이 있었다. 모래밭 위를 뛰어다니는 아이들 사이에서 우리 아이들이 체험을 하기에는 나이가 아직 어렸다. 박물관 관람 내내 유모차 안에만 있던 게 싫었던 모양이다. 아이는 신고 있던 양말을 집어 던지며 나를 왜 이런 곳에 데려왔냐는 듯 시위했다. 양말을 신기면 아이는 다시 양말을 벗어서 유모차 밖으로 집어 던졌다. 아이의 울음소리는 박물관 안에서 쩌렁쩌렁 울려댔다. 그날은 유독 아이를 진정시키는 데 시간이 오래 걸렸다. 그런 아이가 밉지는 않았으나 그 상황은 참으로 난감했다.

그런 시간도 결국엔 지나간다. 그리고 신기하게도 시간이 지나자 그런 예기치 못함도 점차 익숙해졌다. 육아의 대부분이 그렇게 조금씩 익숙해졌다.

2. 내 방식대로 하는 육아

나는 아이와 함께 하는 시간을 즐기는 법을 점차 터득했다. 아이와 같이 레고를 쌓고 부수기를 반복하는 것이 나름 재미있었다. 내가 기타를 쳐주면 아이는 제법 리듬에 맞춰 몸을 이리저리 흔들었다. 아이가 손으로 기타 줄을 때려 맑은 소리라도 나면, 아이도 나도 신이나 같이 춤을 췄다. 아이를 피아노 앞에 앉히면 몇 분 동안 신나게 피아노 연주(?)를 했다. 아마

다른 사람이 봤으면 아이가 피아노를 부수고 있다고 여겼겠지만 말이다.

날이 좋을 때면 집 앞 야외 수영장에 데려갔다. 누군가는 우리 아이가 수영을 배우기에는 너무 어리다고 생각할지도 모르지만 나는 크게 개의치 않았다. 수영장에 가면 언제나 즐거운 시간을 보낼 수 있었다. 안전만 신경 쓴다면 문제 될 게 없었다.

육아에 참여하면서 좋았다고 느꼈던 점 중 하나는 아이를 내 방식대로 키울 수 있다는 점이었다. 한국에서 직장을 다니며 아이를 키우는 많은 맞벌이 가정이 아이의 할머니로부터 도움을 받는다. 우리에게도 벅찬 육아가 이제는 연로하신 부모님께는 더욱 힘든 일이다. 하지만 육아 도우미를 쓰자니 비용도 만만치 않고 생판 모르는 남에게 아이를 맡기고 싶

아이가 피아노를 부수는 모습도 내게는 피아노를 연주하는 모습으로 보였다. 나는 아이와 함께 하는 시간을 즐기는 법을 하나씩 배워갔다.

지 않은 마음에, 결국 도움을 요청하게 되는 곳은 아이의 할머니다.[39] 할머니 입장에서 볼 때 아이를 돌보는 게 꼭 나쁜 것만은 아니다. 할머니에게는 아이와 함께 보내는 시간 자체가 기쁨일 수 있고 자식의 가정에 보탬을 주는 것이 만족스러울 수도 있다. 하지만 많은 할머니들이 본인의 시간적, 경제적, 체력적 여건 때문에 황혼육아를 원하지 않는다.[40]

원하든 원치 않든 할머니의 황혼육아가 현실이 되면 이런저런 문제들이 생긴다. 부부 사이에도 양육관의 차이로 다투는데 부모와 조부모 사이의 이견 조율은 더욱 어렵다. 만약 할머니가 엄마의 양육 방식에 불만이 생기면 난감한 상황을 피하기 어렵다. 아이 밥 먹이기를 한 예로 들어보자. 사실 '밥 먹이는' 일이 아니라 '아이가 밥을 먹는' 일이 되어야 하지만 한국에서 올바른 식습관을 가진 아이는 많지 않다. 아이 스스로 숟가락이나 포크를 사용할 수 있는 나이가 되면 본인 스스로 밥을 먹어야 한다. 다들 공감할 것이다. 아이들이 기특하게 알아서 척척 밥 한 그릇씩 뚝딱 비워주면 얼마나 좋겠냐마는 실상은 그렇지 않다. 돌아다니는 아이를 엄마는 밥숟가락 들고 쫓아다니며 "한 숟가락만 더 먹자"라고 사정하며 먹이는 경우가 많다. 이 방법이 통하지 않으면 핸드폰으로 만화를 보여주며 씹지도 않는 아이의 입에 숟가락을 욱여넣는다. 우리 아이들은 스웨덴의 여느 아이들처럼 스스로 밥을 먹지만 만약 아이들이 한국에서 자랐다면 어땠을지는 확신할 수 없다.

---

39. 아시아경제, "손주 키우느라 운동 못해요" 황혼육아에 허리휘는 '조부모', 2018-05-08
40. NewWire, 50세 이상 53%, 어린이집 대신 조부모 육아 "맡기 싫다", 2015-03-24

사실 아이 식습관 교육은 어려울 것이 없다. 육아 관련 TV를 봐도, 인터넷, 블로그를 찾아봐도 메시지는 일관된다. 첫째, 아이가 밥을 먹기 싫어하면 억지로 먹이지 말 것, 둘째, 식사 시간 이외에 간식거리로 배를 채우게 하지 말 것. 딱 이 두 가지만 지키면 된다. 하지만 이 두 가지를 우리 부모님 세대 어른들은 이해하지 못한다. "식사는 하셨습니까?"가 인사말이 될 정도로, 과거 우리에게 먹고사는 일은 중요한 문제였다. 어르신 본인이 못 먹고 살았던 기억이 남아서 그럴까? 우리의 할머니 할아버지는 아이가 식사를 거르면 그냥 지나치지 않는다.

한국 아이들 주변에는 간식거리가 넘쳐난다. 할머니 할아버지가 손주의 간식을 챙겨 주는 건 큰 즐거움이다. 아이를 데리고 밖으로 나가면 주변 어른들은 아이의 손에 늘 간식을 쥐여준다. 키즈카페를 나설 때, 미용실을 나설 때, 심지어 태권도 도장 체험을 갔을 때도 마찬가지였다. 그러니 아이는 당연히 배가 고프지 않다. 굳이 군것질 때문이 아니더라도 우리 어른들도 입맛이 없을 때면 대충 한 끼를 때우고 싶을 때가 있다. 아이가 먹고 싶지 않아 하면 굳이 억지로 먹일 필요가 없다. 이후 간식으로 배를 채우지 않는 한 아이는 자연스레 다음 끼니에 배를 채울 것이다. 하지만 이렇게 독한 마음을 먹은 엄마에게 할머니는 말한다. "아니 그래도 애를 굶기면 쓰니, 어떻게 해서든 뭘 좀 먹여야지." 엄마는 숟가락에 밥과 반찬을 올려 미꾸라지처럼 식탁을 빠져나가는 아이의 뒤꽁무니를 쫓아간다. 마음 같아서는 소매를 걷어붙이고 잘못된 어린이 식생활이 가져오는 문제와 이를 바로 잡는 방법에 대해 시어머니한테 일장 연설을 늘어놓고 싶지만 이를 실행으로 옮길 용감한 며느리는 많지 않다. 보다 못한 시어머니는 할머니표 특식을 마련해서 아이를 유혹한다. 밥 한 그릇 뚝딱 해치우는 아이의 모습은 현실에서 점점 더 멀어져 간다.

양육관이 다른 건 식사만의 문제가 아니다.

"아니, 저 더러운 걸 입에 물게 놔두면 어쩌니, 얼른 못하게 해."

"아이구, 애 다치면 어쩌려고. 애를 왜 이렇게 놔두고 있니!"

"공갈 젖꼭지 물리면 애기 치아 다 망가지는 거야, 당장 못 물게 해."

(참고로 아이가 만 3세 이하인 경우, 노리개 젖꼭지가 치아 발달에 나쁜 영향을 준다는 근거는 없다.)[41]

물론 잘못된 점이 있다면 주변의 충고를 귀담아들어야겠지만 대개는 옳고 그름이 명확하지 않다. 세상을 바라보는 가치관의 영역이기 때문이다. 아이의 개성이 존중받아야 하듯이 부모의 개성을 담은 양육관 또한 존중받아야 옳다.

나는 아이의 조부모님, 즉 우리 부모님 세대를 비판하고자 하는 게 아님을 분명히 하고 싶다. 부모를 대신해 하루의 상당 시간을 아이와 보내는 할머니에게 아이에 대한 어떤 충고나 참견도 삼가라고 요구할 수는 없다. 어찌 보면 우리 할머니들이 다소 지나칠 정도로 아이를 염려하는 이유는 아이의 부모, 즉 우리의 눈치를 보고 있기 때문일지도 모른다. 할머

41. Poyak J, Effects of pacifiers on early oral development. Int J Orthod Milwaukee. 2006 Winter;17(4):13-6.

니 본인도 한때 아기 엄마였기 때문에 아이가 다치거나 아플 때 세상 그 누구보다도 마음 아픈 사람이 엄마인 것을 잘 알기에, 아이를 대신 봐주는 할머니는 더 노심초사할 수밖에 없다. 누구의 양육 방식이 옳은지 그른지를 가리는 것은 중요하지 않다. 한국의 열악한 육아 환경 때문에 조부모님의 육아 참여가 불가피한 경우가 많다. 다만 어르신 공경의 유교 문화와 시월드 갑질이 더해지면 황혼육아가 자칫 가족 내 갈등으로 번질 소지가 다분하다는 것을 상기시키고 싶다. 엄마와 아빠가 육아에 공동으로 참여하는 스웨덴에서는 적어도 이런 문제로 갈등을 겪지는 않는다.

3. 공동 주 양육자

육아를 시작하기 전 가장 큰 걱정은 밤에 아이를 재우는 일이었다. 첫 며칠은 아빠와 아이 서로에게 힘든 시간이었다. 하지만 사흘째 밤을 고비로 큰 문제는 없었다. 이후 아내와 나는 수시로 육아 맞교대가 가능해졌고, 서로의 사정에 따라 저녁 시간을 조정할 수 있게 되었다. 아이가 한 살이 되고 난 뒤로 일주일에 한 번은 부모 중 한 사람이 저녁에 혼자 외출하는 것이 가능해졌다.

엄마가 행복해야 아이도 행복하다. 하지만 양육이 엄마에게로 쏠리다 보면 육아 스트레스를 해결할 방법이 없다. 육아 스트레스를 해소할 수 있는 유일한 방법은 육아로부터 잠시나마 벗어나는 것뿐이기 때문이다.

엄마가 옆에 있어야만 아이가 밤잠을 잘 수 있다면 엄마 홀로 저녁에 외출하기란 불가능하다. 한국에는 몇 달이 아니라 몇 년 동안 저녁에 외출한 번 못해본 엄마들이 수두룩하다. 엄마는 육아하는 기계가 아니다. '그래도 엄마니까 참아야지'라고 말하는 아빠가 있다면 모성애를 육아 면피용으로 이용하는 치사함을 반성해야 한다.

한국에서 자주 쓰는 '주 양육자'라는 표현이 나에게는 낯설게 느껴진다. 오늘날 스웨덴에서 양육은 당연히 엄마와 아빠가 함께 하기 때문에 누가 주 양육자이고 누가 보조 양육자인지를 따로 구분하지 않는다. 우리가 흔히 사용하는 주 양육자라는 표현은 아이의 1순위 양육자로, 잠잘 때 아이가 찾는 사람, 아이가 울 때 가장 먼저 찾는 사람, 아이가 가장

육아는 소확행을 실천하는 간단하면서도 가장 확실한 길이었다.

좋아하는 사람으로 여겨진다. 아이와 애착관계 형성에 있어서 그 출발점에는 엄마와 아빠 사이에 분명한 차이가 있다. 하지만 아이는 하루가 다르게 자라고 아이와 가족 구성원 간에 맺어지는 관계 역시 하루가 다르게 발전을 거듭한다.

주 양육자가 두 명이 되면 아이가 혼란을 느낄 수도 있다는 소리를 들어본 적이 있지만 나는 이 의견에 동의하기 어렵다. 오히려 주 양육자가 한 명인 가정은 복수의 가정에 비해 양육자가 쉽게 양육 스트레스를 받음으로써 부정적인 양육 행동이 나타나게 되고 여기에 지속적으로 노출된 아동은 문제행동이 보일 수 있다고 한다.[42] 아이와 함께하는 시간이 언제나 아름다운 순간들로만 채워지는 것은 아니다. 아이와 힘겨루기는 일상이고 때로는 서로에게 상처를 주기도 한다. 중요한 것은 부모 중에 누가 아이와 문제를 일으키느냐가 아니라 문제가 생기기 전에 다른 양육자와 교대할 수 상황, 즉 가정 내 대체 양육자의 존재 여부다. 2002년 월드컵 4강 신화를 이끈 히딩크 감독이 대표팀 선수들에게 끊임없이 주문한 것이 선수에게 하나의 포지션을 고집하지 말고 필요할 때마다 서로를 지원해 줄 수 있는 전천후 선수, 즉 올라운드 플레이어가 되라는 요구였다. 가정을 하나의 팀으로 생각해 본다면, 아내에게 몇 년만 참으라고 강요할 것이 아니라 최대한 빨리 아빠가 아이의 공동 양육자가 되어야 한다. 하지만 한국의 아빠가 어린 자녀와 보내는 시간은 하루 평균 6분밖에 되

---

42. 권그리나, 주양육자의 가족탄력성이 아동문제행동에 미치는 영향: 양육스트레스 매개효과, 2014

지 않는다고 한다.[43] 아이와 하루에 단 6분의 시간을 보내는 아빠는 공동 양육자가 될 수 없다.

나는 유치원에 다니는 아들과 하루에도 몇 번씩 뽀뽀를 주고받으며 애정을 표현하지만, 아이와의 유대 관계를 위한 숙제는 앞으로 수도 없이 많을 것이다. 하지만 육아휴직을 통해 아이와의 관계에 있어서 굳건한 기반을 다졌다는 점을 늘 감사하고 있다.

4. 소확행 실천하기

한국의 독자 여러분에게 스웨덴에서 육아하는 부모의 일상은 어떤지 잠시 전해드리고 싶다. 때로는 지루하고 대수로울 것 없는 일상, 하루키의 설명처럼 너무나 사소한 일상이다. 그래서 독자 여러분의 이해를 돕기 위해 매일 외출하며 방문했던 곳을 장소별로 소개하면서 소소한 일상의 분위기를 전해드리려 한다.

• 산책로

스웨덴에서는 널찍한 공원이나 물가 또는 호수를 따라 아름답게 조성된 산책길을 쉽게 접할 수 있다. 해가 가장 높게 뜨는 정오를 전후해서

43. OECD, How's life? 2015-Measuring Well-being

사람들은 산책길에 나선다. 유모차를 밀고 있는 엄마 또는 아빠, 퇴직한 노인들, 점심시간을 이용해 운동복으로 갈아입고 사무실에서 나와 조깅을 하는 회사원, 관광객 등 다양한 사람들이 산책로 위에서 어우러진다. 특히 날씨가 좋은 6~8월에는 산책로 옆 잔디밭 위에 돗자리를 펼치고 한 낮의 햇볕을 즐기는 가족을 만날 수 있다.

• 개방형학교

개방형학교öppna förskolan는 아이가 해당 시설에 등록되어 있지 않아도 부모와 아이가 수업에 참여할 수 있는 육아 보육시설의 한 형태를 말한다. 개방형학교는 스웨덴 유치원을 아직 시작하지 않은 12~18개월 미만의 유아들 또는 다른 이유로 유치원을 다니지 않는 아이들을 대상으로 한다. 보통 스웨덴 지방정부 또는 교회에서 운영한다. 내가 주로 방문했던 곳은 스웨덴교회Svenska kyrkan라는 이름의 교회 단체에서 운영했던 곳으로, 아침 아홉 시부터 오후 세 시까지 두 명의 책임 교사가 수업을 진행했다. 입장료는 없었고 그곳에 가면 평균 10~20명 정도의 다른 아기들을 만날 수 있었다. 장난감 수가 많지는 않았지만 아이들이 기어 다닐 수 있는 넓은 공간과 아이와 부모가 함께 참여할 수 있는 놀이 프로그램들이 날마다 다르게 준비되어 있었다. 영유아들을 데리고 갈 수 있는 한국의 문화센터와 일부 비슷한 면이 있다.

개방형학교 수업에 참여하고 있는 아이들과 부모의 모습이다. 사전에 등록하지 않아도 무료로 이용할 수 있다. 출처: 팔룬시 홈페이지 https://www.falun.se.

개방형학교에서 자유 놀이를 하며 오후 시간을 보내고 있다.

• 영유아도서관

스웨덴에는 가까운 거리에 위치한 작은 공공도서관이 많이 있다. 지방정부에서 운영하는 이들 도서관들은 규모는 작지만 생활밀착형이라는 것이 특징이다. 유치원에 아직 다니지 않는 어린아이들을 데리고 갈 만한 곳이다. 도서관 한쪽에 아이가 마음껏 기어 다닐 수 있는 공간과 아기들이 즐길만한 책들이 구비되어 있다. 모유수유나 이유식을 줄 수 있는 공간과 기저귀를 갈 수 있는 화장실도 잘 갖추어져 있다.

이들 공공도서관 중에서 내가 가장 즐겨 찾았던 곳은 '아이를 위한 방rum för barn'이란 곳이었다. 이 시설은 스톡홀름 시내 한복판에 위치한 세르겔스 토르그Sergels torg 광장 바로 옆에 있다. 이 광장은 스톡홀름 시민뿐만 아니라 관광객들도 자주 찾는 곳이다. 싸이의 '강남스타일' 플래시 몹flash mop(10여 명 이상의 사람들이 공공장소에 갑자기 나타나 이색적인 공연을 펼치는 대중문화예술의 하나)이 있었던 장소가 바로 이 광장이다.(참고로 이날 플래시 몹에는 400명의 참가자와 1,500여 명의 관람객이 몰리는 진풍경이 벌어졌다.) 이 도서관은 시립문화회관Kulturhuset Stadsteatern쯤으로 번역할 수 있는 대형 건물의 한 층을 차지하고 있다. 아이들과 가족을 위한 문화시설이 스웨덴 사람들 삶의 중심에 있음을 단적으로 보여준다.

이곳은 마치 책을 테마로 한 키즈카페 같다. 전체적으로 따뜻함을 주

지방정부가 운영하는 공공도서관은 어린아이를 돌보는 부모가 찾기 편리한 공간으로 꾸며져 있다.

영유아도서관에서는 아이들이 뛰어놀고 바닥에 누워 있어도 야단치는 어른이 없다.

는 목조 책장과 나무 바닥, 그리고 아이들의 호기심과 상상력을 자극하는 목조 구조물이 도서관 한가운데 자리 잡고 있다. 이 목조 구조물에서 아이들은 뛰고 구른다. 아이가 뛰어다니거나 바닥에 드러누워 있어도 야단치는 어른이 없다. 아이들은 책이 발을 묶고 입을 닫게 만드는 못된 친구가 아니라 동심을 자극하는 착한 친구가 될 수 있다는 것을 이곳에서 경험할 수 있다. 때로는 아이들을 위한 다양한 문화행사가 준비된다. 마녀, 용, 닌자, 핼러윈, 산타 등 책 속에서 튀어나온 듯한 캐릭터들이 도서관을 거닐며 아이들을 맞이한다. 한번은 평소 시청각실로 이용하던 공간을 망망대해로 꾸미고 그 한가운데 나무 조각배 하나를 가져다 놓았다. 배 안에서 아이들은 낚시꾼이 되기도 하고 해적이 되기도 한다. 선생님은 선장이 되어 바다를 항해하는 모험담을 아이들에게 들려준다. 아이들은 하나같이 이야기 속에 정신이 쏙 빠져있다.

위치, 시설, 콘텐츠 뭐 하나 빠지는 것이 없다. 시에서 마련한 아이를 위한 공간이기 때문에 입장료도 받지 않는다. 그렇다 보니 때로는 대기표를 받고 밖에서 기다려야 할 정도로 아이와 부모들에게 인기가 높다.

• 유니바켄

육아 중에 가끔은 동네를 벗어나 조금은 멀리 떨어진 곳을 찾아가고 싶을 때가 있었다. 그럴 때면 아이와 지하철과 트램을 타고 한 시간가량

이동해 유니바켄Junibacken을 찾았다. 이곳은 우리에게도 잘 알려진『삐삐롱 스타킹』을 만든 스웨덴의 작가, 아스트리드 링그렌Astrid Lindgren의 작품들을 모티브로 만든 실내 테마파크다. 이 작가의 작품과 친숙하지 않아도 방문하는 데 문제가 될 것은 없다. 율고르든Djurgården섬에 위치해 있는데, 스톡홀름을 이루는 열네 개의 섬 중 시민들의 유원지로 가장 인기가 많은 곳이다. 때문에 야외에서 기분전환을 원하는 부모에게 안성맞춤이다. 하늘을 나는 기차는 그중에서도 단연 인기가 많다. 그 기차를 타면 링그렌 작품 속 세상을 체험할 수 있다. 어른도 즐길 수 있을 만큼 재미있고, 특히 링그렌의 이야기를 좋아했던 사람들이나 환상과 모험을 좋아하는 아이들에게 더할 나위 없이 특별한 경험을 선사한다. 사실 링그렌의 작품은 우리가 흔히 접하는 어린이 동화와는 조금 차이가 있다. 때로는 무

유니바켄에 가면 아스트리드 링그렌의 동화 속 나라를 체험할 수 있다.

섭고 조금은 어두운 내용이 포함되기 때문이다. 원작에 너무 충실해서일까? 처음 설계되었던 기차는 이곳저곳을 여행을 하다가 산속에 사는 전설의 용을 마주하게 된다. 거칠게 포효하며 잡아먹을 듯이 다가오는 용을 보고 많은 아이들이 기겁했다는 후문이다. 이 때문에 2006년에 용의 모습은 덜 무섭게 순화되었다고 한다. 우리가 이곳을 처음 방문했을 때 아이는 한 살이 조금 넘었다. 기차에 탑승하기 전 우리는 용에 대한 사전 정보가 있었다. 하지만 막상 기차에 탑승하고 보니 용이 문제가 아니었다. 우리를 태운 기차는 칠흑같이 어두운 공간에 들어섰다. 잠시 뒤 우리 앞에 집채만 한 들쥐 한 마리가 스포트라이트 조명을 받으며 우리 앞에 나타났다. 들쥐는 슬금슬금 움직이며 치즈를 갉아 먹기 시작했다. "으아~앙!" 겁에 질린 아이는 울음을 터뜨렸고 기차 여행을 마칠 때까지 그치지 않았다. '애들 타는 놀이기구를 왜 이렇게 무섭게 만들었을까?' 나는 의아했지만 정서의 차이라고 받아들이는 수밖에 없었다.

•그 밖의 소소한 활동

그 밖에 한국에서는 보기 힘든 참신한 장소들이 있다. 아기자기하게 소규모로 만들어진 이 공간들은 거창하지는 않지만 색다른 경험을 원하는 부모와 아이들에게 적합하다. 먼저 생후 18개월 미만의 아이들을 위한 음악콘서트가 있다. 리듬감 있는 음악과 시선을 사로잡는 연출로 아이와 부모가 함께 춤추고 노래할 수 있다. 공연은 35분으로 어른에게만 125크로나(약 16,000원)의 입장료를 받는다.

생후 3~12개월 사이 아이들을 위한 신생아 수영 수업이 있다. 아이들은 물에서 놀며 숨을 참는 법도 배우고, 짧은 거리를 움직여 물건을 잡을 수도 있게 된다. 수업의 가장 큰 목표는 아이가 물에 빠지지 않고 혼자서 배영으로 물에 뜨는 방법, 일명 자가구조 수영을 터득해서 혹시나 있을 안전사고를 예방하는 것이다. 강습료는 10회 수업에 1,000크로나(약 13만 원)다.

엄마가 아이를 데리고 참여하는 휘트니스 수업이 있다. '스트롱마마 Strong Mama'라는 이름의 이 프로그램은 출산 후 엄마의 건강과 몸매를 되찾아주는 것을 목표로 한다. 엄마가 운동하는 동안 아이들은 안전하게 강습장 한가운데서 엄마를 지켜본다. 열심히 몸을 흔드는 엄마들의 모습에 아이들은 흥미를 느낀다고 한다.

소규모의 유아 놀이카페도 있다. 조그마한 커피숍을 친유아적인 공간으로 바꾼 것으로 유아 인형극, 구연동화, 풍선, 비눗방울 등 카페 진행자가 놀이를 진행하고 아이와 부모가 함께 참여할 수 있는 인기 장소다.

5. 가정에 찾아온 평화

따스한 봄볕에 겨우내 쌓인 눈이 녹듯이 풀릴 것 같지 않던 아내와의 갈등은 내가 육아를 함께 하면서 서서히 풀어졌다. 아빠 육아휴직을 시작한 지 얼마 지나지 않아 내 심경에 변화가 찾아왔다. 아내가 지난 10개월 동안 얼마나 힘들었을지 짐작할 수 있었다. 아마 내가 겪은 육아보다 아내의 육아가 훨씬 힘들었을 것이다. 아이가 생후 10개월이 됐을 때는 수면 시간도 어느 정도 규칙적으로 바뀌었고, 가끔은 혼자서 노는 것도 가능해진 상황이었기 때문이다. 아내가 퇴근 후 집에 돌아오면 나는 기쁜 마음으로 현관문으로 달려가 아내에게 아이를 덥석 안겨 주었다. 아내 역시 기쁜 마음으로 아이를 안았다. 사무실에서 아이를 그리워하던 아내는 아이와 시간을 보내고 싶었을 테고, 온종일 아이를 돌보았던

아빠 육아휴직을 시작하고 나서야 아내가 지난 10개월 동안 얼마나 힘들었을지 짐작할 수 있었다.

나는 육아를 제외한 모든 일을 하고 싶었다.

아내 역시 퇴근 후 휴식 없이 가사를 돌보고 육아를 보조하는 입장이 무엇인지 이해할 수 있었을 것이다. 서로의 마음을 헤아리지 못한 채 힘들어하던 날들이 덧없이 느껴졌다. 육아휴직은 결심하는 것이 어려울 뿐이지 막상 시작하면 못할 것도 아니었는데, 내가 더 빨리 육아휴직을 시작하지 않았던 게 아쉬울 따름이다.

아이가 부모에게 전적으로 의존하는 영유아 시기가 양육자에게는 어쩌면 가장 힘든 시기일 수 있다. 이 시기가 엄마에게는 결코 지울 수 없는 자신의 본 모습에 더해 양육자라는 정체성을 더하는 성장의 계기가 되어야 한다. 한국에는 본인의 이름 대신 누구의 엄마로 사는 많은 엄마들이 있다. 이 힘든 시기에 한국의 엄마들은 아빠들의 지원 대신 희생만을 강요당했던 것은 아니었을까.

5장

스웨덴 아빠가 육아하는 진짜 이유

유치원 보내기

5개월은 그리 긴 시간이 아니었다. 어느새 아이는 생후 15개월이 되어 유치원에 입학했다. 그렇게 첫 아이의 육아휴직이 끝났다. 대신 일과 육아를 병행하는 새로운 삶이 시작됐다. 유치원의 도움으로 할머니 할아버지 또는 베이비시터의 도움 없이 아내와 나는 워킹맘과 워킹대디가 되었다.

우리 집에서 도보로 10분 거리 안에 닿을 수 있는 유치원은 총 여섯 개가 있었다. 세 군데까지 복수 지원이 가능했는데 우리는 1지망으로 신청한 유치원을 배정받게 되었다. 도보로 3분이면 갈 수 있는 곳이다. 아이가 다니게 될 유치원의 이름은 판타지아Fantasia. 이름부터가 범상치 않았다. 우리도 익히 알고 있는 이탈리아 가곡 '넬라 판타지아'의 그 판타지아와 같다. 얼마나 환상적인 유치원일지 궁금하지 않을 수 없었다. 아이가 배정된 반 이름은 살트크로칸, '갈매기섬' 반이었다. 역시 예사롭지 않았다. 알고 보니 아스트리드 링그렌이 1964년에 지은 작품 속에 등장하는 섬 이름이란다.

반에는 우리 아이를 포함해 열다섯 명의 아이들과 세 명의 교사가 있었다. 페다고기스크pedagogisk라고 불리는 유아교육 자격증을 가지고 있는 경험 많은 교사 한 명, 유아교육 자격증은 없지만 경험이 많은 교사 한 명, 경험이 적은 젊은 교사 한 명, 이렇게 세 명의 교사가 한 반에 배정된다. 이들 교사 중 한 명이 출근할 수 없는 경우 비카리에vikarie가 대체 근무를 하는데 20대 초반의 젊은 교사인 경우가 많다. 비카리에를 제하면 교사 한 명 당 다섯 명의 아이를 돌보는 셈이니 한국과 비교하면 상황이 좋

다. 또한 스웨덴 유치원 교사의 60% 이상이 유아교육을 전공했고, 전공을 하지 않은 40%도 직업훈련을 통해 교사로서의 자질을 검증받고 있다.[44]

　　스웨덴 유치원의 교사들은 한국에 비해 대체로 연령이 높은 편이다. 유치원 교사를 일종의 평생직업으로 여기기 때문이다. 50세 이상의 연륜 있는 교사는 돌발상황에도 쉽게 동요하지 않고 침착하게 상황에 대처한 다는 인상을 주었다. 하지만 본인의 전문성과 경험에 대한 믿음 때문인 지 아니면 한국과 스웨덴의 문화 차이 때문인지 가끔은 우리와 견해차 로 충돌하는 경우도 있었다.

44. Swedish National Agency for Education. 2006. Lärare inom förskola, skola och vuxenutbildning 2006 års prognos över behov av och tillgång på lärare perioden 2005–2019. Stockholm: Swedish National Agency for Education

1. 다기스

스웨덴의 의무교육은 만 6세 때 기초학교Grundskolan에 입학하면서 시작된다. 의무교육이 시작되기 전 대부분의 부모들은 아이를 취학 전 보육시설Förskola(영어의 Pre-school과 같은 말로 미취학 아동을 위한 학교라는 뜻)에 보낸다. 스웨덴에서는 이들 학교를 흔히 다기스Dagis(Dagvård의 애칭으로 영어의 Day care, 즉 탁아소와 같은 말)라고 부른다. 대상은 만 1세부터 5세까지의 아이들이다. 맞벌이 가정에서 아이를 다기스에 보내는 시기는 대략 생후 12~18개월 사이로, 우리 아이도 생후 15개월에 다기스를 시작했다. 스웨덴의 다기스는 한국의 어린이집과 유치원을 합쳐 놓은 것과 비슷하지만 이 책에서는 편의상 스웨덴 유치원이라고 칭했다.

스웨덴 유치원은 아이를 가진 여성의 80%, 남성의 90%가 직장을 유지할 수 있는 중요한 사회적 기반이다.[45] 지난 40년 동안 스웨덴 정부의 주도 아래 공공 보육시설을 확대한 결과다. 지금도 대부분의 스웨덴 유치원은 지방정부가 운영하고 있다. 설립 주체에 따라 유치원을 공립과 사립으로 구분할 수 있지만, 학부모 입장에서는 이 구분이 별로 중요하지 않다. 지방정부로부터 똑같이 재정적 지원을 받고, 교육 내용을 동일하게 관리, 지도받기 때문이다. 또한 부모가 지불해야 하는 비용의 차이도 없다. 지방정부의 통제를 벗어나 교육 지침도 재정 지원도 받지 않고 독립적으로

45. Sorbring E, Gurda S, Attributions and Attitudes of Mothers and Fathers in Sweden, Parent Sci Pract

운영되는 유치원이 있기는 하지만 이는 극히 소수다.[46]

　자녀 수에 따라 매달 지불해야 하는 비용이 달라진다는 점도 특이할 만하다. 만약 한 가정의 한 달 세전 소득이 30,000크로나(약 390만 원)라면 첫째 아이 유치원 비용은 소득의 3%인 900크로나(약 12만 원)가 된다. 하지만 둘째 아이의 유치원 비용은 할인이 되어서 소득의 2%, 셋째 아이는 소득의 1%가 적용되고, 넷째 아이부터는 무료다. 또한 부모의 소득이 늘어날수록 유치원 비용이 늘어나는 것도 특징이다. 만약 한 가정의 한 달 세전 소득이 60,000크로나(약 780만 원)라면, 첫째 아이의 유치원 비용은 소득의 3%인 1,800크로나가 되어야겠지만, 다음 표와 같이 최고비용 한도를 넘을 경우 한도액인 1,382크로나(약 18만 원)가 적용된다. 부모의 수입은 스웨덴 국세청이 이미 파악하고 있고, 부모는 유치원 비용을 지방정부에 직접 지불한다. 때문에 유치원과 부모는 수업료에 대해서 이야기할 필요가 없다.

자녀 수	세전 수입	비용 한도	한화
1	3%	1,382크로나	18만 원
2	2%	922크로나	12만 원
3	1%	461크로나	6만 원
4+	무료	-	-

▶ 스웨덴에서는 자녀 수와 부모의 수입에 따라 유치원 비용이 달라진다. 출처: 스톡홀름시 취학 전 시설 안내 홈페이지 http://www.stockholm.se/ForskolaSkola/forskola/Avgifter.

46. Duvander A.Z. & Ferrarini T., Sweden's Family Policy under Change: Past, Present, Future, 2013-August, INTERNATIONAL POLICY ANALYSIS, Friedrich-Ebert-Stiftung

문을 여는 시간은 한국에 비해 짧다. 지역마다 조금씩 차이가 있는데 우리 아이가 다니는 유치원은 오전 8시 30분부터 오후 4시 30분까지 총 8시간 아이를 맡길 수 있다. 오후 5시 이후에는 모든 선생님이 퇴근하고 문을 닫는다. 다른 지역의 유치원은 한 시간씩 앞당겨서 오전 7시 반부터 오후 3시 30분까지 아이를 돌본다지만 운영방식은 동일하다. 혼자서 아이를 키우는 엄마가 업무 특성상 저녁에 일해야 하는 경우 저녁부터 자정까지 아이를 돌봐주는 유치원이 있다는 이야기를 들은 적은 있다. 하지만 이는 정말 예외적인 경우다. 스웨덴의 법정 근로시간은 주 40시간, 하루 8시간이다. 직장에서 유치원에 아이를 데리러 가는 시간을 감안하면 아이를 혼자 키우는 부모가 법정 근로시간을 채우기는 사실상 어렵다. 따라서 혼자 아이를 키우는 부모는 업무량을 80% 또는 그 이하로 낮추어 일하는 경우가 많다. 양부모가 모두 일하는 경우에도 가정 사정에 따라 업무량을 줄이는 경우도 드물지 않다.

만약 맞벌이 가정에서 엄마와 아빠 모두 100% 일을 유지한다면 서로의 시간 계획을 잘 맞추어야 한다. 예를 들어 아빠가 아이를 유치원에 데려다주면 늦게 출근하는 만큼 퇴근도 늦어진다. 반대로 일찍 출근한 엄마는 유치원 문 닫는 시간에 맞춰 일찍 퇴근하는 식이다. 만약 직장에서 유치원까지 가는 데 한 시간이 필요하다면 엄마는 세 시 반에 퇴근해야 시간을 맞출 수 있다. 회사측의 이해가 있어야 아이를 유치원에 보내면서 직장을 유지할 수 있다. 스웨덴의 많은 부모들은 근무 시간을 유연하게 조정하면서 서로의 직장 내 경력 개발을 유지하는 선택을 하고 있다. 물론 남편 혹은 아내 한 사람의 경력 개발에 집중하기 위해 다른 한쪽에서 근무 시간을 대폭 줄이거나 직장을 포기하는 경우도 없지는 않다. 하지만 당사자가 선택한 상황과 불가피하게 맞닥뜨린 상황은 큰 차이가 있다. 고용 유연성이란 이럴 때 필요한 것인데 한국에서는 이를 회사가 쉽게 직원을 해고할 수 있는 묘안(?)으로만 인식한다는 점이 많이 다르다.[47]

한국에서 학부모들에게 인기가 좋은 영어 유치원이 이곳 스웨덴에도 있다. 비용도 일반 유치원과 다르지 않으니 우리 생각에는 보내지 않을 이유가 없다. 스웨덴 말과 언어 체계가 비슷한 영어는 스웨덴 사람에게는 배우기 쉬운 언어라 그런지 학교에서 제1 외국어로 배우는 것만으로도 상당한 수준의 실력을 갖출 수 있다. 스웨덴 TV에서 미국 방송을 더빙 대신 자막만 달고 내보내는 것도 바로 이런 이유에서다. 그렇기 때문에 스웨덴 부모 입장에서는 아이가 영어를 일찍 배워서 나쁠 것은 없지만 그렇다고 조기 영어 교육이 꼭 필요한 것도 아니다. 스웨덴에서 아이를 영어 유치원에 보내는 더 큰 이유는 아이가 어려서부터 다양한 문화를 접할 기회를 주기 위해서다. 아이가 다문화 가정의 자녀와 접촉할 수 있게 일부러 그런 유치원을 골라 보낸다는 것이 한국 사람에게는 이상하게 들릴지 모르겠다. 하지만 이는 스웨덴 문화 안에 자신을 가두기보다는 세계 속의 시민으로 스스로 인식하고 빠르고 다양하게 변해가는 문화적 흐름에 한 발짝 앞서가고자 하는 스웨덴 부모들의 인식을 보여주는 예이다.

47. 한겨레, 보수 "노동시장 유연성 낮아"-진보 "고용 보호 OECD 하위권", 2015-08-31

2. 한겨울 야외활동

아무리 추운 날씨라도 유치원 아이들은 오전 시간에 반드시 밖에서 놀이 활동을 했다. 역시 나쁜 옷이 있을 뿐, 나쁜 날씨란 없다는 북유럽의 속담은 유치원에서도 통했다. 예를 들어 비가 오는 날에는 수산시장에서 일하는 분들처럼 아이들은 위아래로 방수복을 갖춰 입고 밖으로 나간다. 영하 10도까지 내려가는 추운 날에는 우주복 같은 두꺼운 방한복을 입고 밖으로 나간다. 겨울내내 아이는 콧물을 달고 살았다. 아이가 집에 돌아오면 코 밑에 딱딱하게 굳은 콧물을 온수로 한참을 문질러야 지울 수 있었다.

아이를 무조건 밖으로 내보내는 것은 아이들의 건강을 위해서다. 실내에서 노는 아이들에 비해 실외에서 노는 아이들이 오히려 안전사고의 위험이 적다. 또한 실내에 많은 아이들이 모여 있으면 전염병이 쉽게 퍼질 우려가 있다. 반대로 실외에서 노는 아이들은 전염의 위험도 적고 평소 면역력을 길러 감기나 기타 다른 질병을 예방하는 효과를 가진다.[48,49,50] 우리 예쁜 아이가 코찔찔이가 되는 건 싫지만 진정으로 아이를 위한다면 유치원의 교육 방침을 따르는 것이 옳았다.

---

48. Wells, N.(2000). At Home With Nature: Effects of "Greenness" on Children's Cognitive Functioning. Environment and Behavior, 32, 775-795

49. Epstein, B.(2001). Childhood asthma and indoor allergens: The classroom may be a culprit. The Journal of School Nursing, 17(5), 253-257

50. Wells, N., & Evans, G.(2003). Nearby Nature: A Buffer of Life Stress among Rural Children. Environment and Behavior, 35, 311-330

겨울철에 유치원에 등원하는 아이들의 모습. 냉동 창고에서 일해도 끄떡없을 정도의 방한복을 입어야 한겨울 야외활동에 무리 없이 참여할 수 있다.

우리 아이는 호기심이 많고 급한 성격 때문에 걷기보다는 항상 뛰어다녔다. 여기에 아빠의 나쁜 유전자를 물려받아 발 모양이 약간 오족이다. 이 때문에 다른 아이들에 비해 넘어지고 부딪히는 일이 잦았다. 유치원에 아이를 데리러 갈 때면 적어도 일주일에 한 번 이상은 어딘가가 긁혀 있었다. 야외활동의 대가였다. 요새 한국의 놀이터에는 바닥에 우레탄을 깔아 모래를 볼 일이 없지만, 스웨덴에는 아직 모래가 깔린 놀이터가 대부분이다. 오전은 물론이고 오후에도 비가 오는 날이 아니면 보통 놀이터에서 놀았다. 집에 돌아와 옷을 벗으면 주머니에 모래가 한가득이었고, 양말 속에서 심지어는 속옷에서도 모래가 나왔다. 그래도 유치원 첫 날 플라스틱 삽으로 모래를 퍼먹던 때에 비하면 아이는 빠르게 유치원에 적응해갔다. 무엇보다 아이가 밖에서 노는 걸 좋아하니 부모가 불평할 일은 아니었다.

3. 놀이를 위한 놀이

요새 한국에선 한글을 가르치지 않는 유치원이 늘어나는 추세다. 이런 분위기에 발맞추어 한 교육청은 2017년도부터 초등학교에서 한글 교육을 책임지는 '한글 교육 책임제'를 시행하고 있다.[51] 선행학습을 줄이고 엄마들의 육아 부담도 덜어주기 위함이다. 아동발달 전문가들은 초등학

---

51. 한겨레, "강원도에선 한글 선행학습 필요 없어요"……한글교육 책임제 시행, 2016-10-06

교에 입학할 때까지 글을 배우지 않는 것이 아이의 잠재력과 창의력 계발에 도움을 준다고 말한다.[52, 53] 인간의 뇌가 분석과 판단을 주관하는 좌뇌와 창의력과 상상력을 주관하는 우뇌로 나누어져 있다는 사실을 알면 이런 정책이 시행되는 진짜 이유를 쉽게 이해할 수 있다.[54] 아이는 어린 시절 자신과 주변을 탐색하고 새로운 것을 탐험하는 데 대부분의 시간을 보낸다. 즉 우뇌를 자극할 기회가 많다. 하지만 학교에 입학할 나이가 되면 아이의 관심은 그동안 축적한 경험과 습득한 지식을 바탕으로 나름의 사고체계를 발달시키는 데 주력한다. 즉 좌뇌를 자극할 기회가 많다. 결국 우뇌를 자극할 수 있는 시기는 어린 시절에 집중되어 있다. 따라서 충분한 우뇌 발달을 위해 좌뇌를 자극시키는 활동, 즉 계산하고 언어를 배우는 등의 활동은 아이가 초등학교에 입학할 때까지 미루는 것이 바람직하다는 논리다.

하지만 이 새로운 추세는 실상에 거의 반영되지 않고 있다. 다른 아이들은 초등학교 입학 전에 한글을 이미 깨우치는데 우리 아이만 한글을 몰라서 반에서 뒤처지게 할 수는 없기 때문이다. 대한민국의 부모들은 서로를 불신하기 때문에 결국 모두가 피해자가 되는 일종의 치킨게임에 빠진 셈이다. 부모들의 걱정이 한글 교육에만 국한될 리 없다. 유치원 일과는 순수한 놀이에 그치지 않고 영어 교육, 수학 교육, 사고력 교육, 논리력

52. 『조급한 부모가 아이 뇌를 망친다』, 신성욱 저, 어크로스, 2014
53. 한겨레, 뇌를 알면 아이의 가능성이 보인다, 2009-08-30
54. My Stroke of Insight: A Brain Scientist's Personal Journey, Jill Bolte Taylor, 2009, Hachette UK

교육, 창의력 교육 등 각종 학습 활동과 연결된다. 이런 학습에 대한 집착은 아이들이 놀러 가는 놀이방에서도 아이들이 보는 책에서도 나타난다. 하긴 이세돌과 인공지능 알파고의 바둑 대결에서 알파고가 승리하면서 컴퓨터 언어로 프로그램을 설계하는 공부, 이른바 코딩학원들이 한국에 우후죽순처럼 생겼다는 걸 보면 대한민국 사교육 광풍의 끝을 가늠하기란 참으로 어렵단 생각이 든다. 취업 경쟁과 임금 격차 그리고 서열화된 교육, 이러한 구조 안에 우리 아이를 한시바삐 우수한 학생으로 키워야 한다는 부모의 조바심, 그리고 그 욕망을 따라 움직이는 대한민국의 거대한 사교육 시장. 그 누구의 잘못이라고 꼬집을 수는 없지만 그 구조 안에서 그러려니 하고 살고 있는 우리 모두의 책임이기도 하다.

스웨덴 유치원을 다니는 우리 아이와 같은 반 친구들은 매일같이 플라스틱 삽으로 모래밭을 파고, 꺾어진 나뭇가지로 칼싸움을 벌이고, 잔디밭 한구석에 줄지어 걷고 있는 개미 떼를 쫓아다니며 하루를 보낸다. 아이는 그저 아이답게 놀아야 한다는 상식이 상식으로 남아있는 스웨덴 유치원이 나는 참으로 고맙다.

4. 다문화 가정을 위한 배려

첫째 아이가 다녔던 스웨덴 유치원에서는 학부모와 선생님이 3개월에 한 번씩 개별상담 시간을 가졌다. 한 번 만나면 30분가량 대화를 나누는 시간이 주어졌다. 선생님은 아이가 유치원에서 보내는 하루의 일상과 특이사항을 부모에게 전달하고 부모는 아이가 가정에서 보내는 하루의 일상과 특이사항을 선생님에게 전달한다. 양방의 합의를 중요하게 여기는 스웨덴 문화가 유치원에서도 묻어난다.

한번은 개별상담 시간에 선생님이 우리에게 이렇게 물었다.

선생님 아이의 한국어 사용은 어떤가요?

나 집에서 철저하게 한국말을 사용하고는 있지만 아무래도 한국에 살고 있는 또래 아이들에 비하면 조금 서투릅니다. 하지만 크게 뒤처지지는 않는 것 같아요.

선생님 아이가 반 친구들 앞에서 한국어로 된 책을 보여주고 한국어로 이야기도 들려주면 좋겠어요. 다른 아이들이 알아들을 수는 없겠지만 흥미로워할 거예요. 그러면 아이도 자부심을 느끼고 한국어에 대한 관심을 계속 이어나가는 계기가 될 수 있을 테고요.

나 정말 좋은 생각이네요.

선생님 각기 다른 생각과 문화를 스스럼없이 말할 수 있고, 또 서로 존중하는 태도를 배운다는 건 무척 소중한 일이에요. 한국에서 온 아이를 같은 반에 둔 저희가 고마워해야죠.

스웨덴에 살면서 사람들 앞에서 한국 언어와 한국 문화를 내보이는 것이 조심스러워질 때가 있다. 내가 한국인인 것이 부끄러워서가 아니다. 내가 사람들과 '다른' 존재로 보여지는 게 싫어서다. 나는 스웨덴에서 인종차별을 받는다고 생각하지는 않는다. 하지만 그들 눈에 띄는 존재가 되어선 안 된다는 부담은 늘 가지고 있다. 그래서 사람들이 모여있는 자리에 가면 이러한 일종의 자기검열 과정이 늘 따라다닌다. 이렇듯 말 못할 고민을 안고 살아가는 이민자 가정의 아빠로서 선생님의 이러한 포용적인 제안은 무척 인상적이었다. 아마 한국에서는 불가능한 일이 아닐까 싶다. 영어를 모국어로 하는 백인 가정은 선망이 되는 경우가 종종 있으니 그 경우는 예외로 해야겠지만 말이다.

5. 학부모와 소통하기

6개월에 한 번씩은 학부모 모두를 유치원으로 초대했다. 반별로 나누어져 학부모와 교사가 함께 유치원의 현안들을 의논하기 위해서다. 모두가 참여하는 운영위원회를 소집한 것이라고 보면 이해가 쉽겠다. 교사가 일방적으로 말하는 시간은 그리 길지 않았다. 첫 30분은 현재 운영 중인 교육 프로그램의 목적과 목표 그리고 진행 과정을 설명하고 교사 스스로가 생각하는 잘된 점과 잘못된 점을 학부모에게 먼저 이야기했다. 이후 학부모들의 질문이 이어지고 교사와 학부모의 의견이 공개토론 형식으로 교환됐다. 이렇게 이야기를 주고받다 보니 두세 시간 동안 토론이 이어지는 것은 예사다. 선생님이 결근해야 할 때 대신 근무할 대체 교사가 예산 문제로 인해 충분히 확보되지 않은 문제, 아이들이 뛰어노는 놀이터에 조명 빛이 닿지 않는 사각지대가 있어 해가 일찍 지는 겨울에 안전사고에 대한 위험 문제 등을 의논했다. 회의를 통해 항상 명쾌한 답을 도출했던 것은 아니다. 그럼에도 의견 교환을 통해 교사와 학부모 사이에 생길 수 있는 불필요한 오해를 사전에 예방했다는 점에서 만남 자체에 큰 의미를 둘 수 있었다.

그런데 내가 겪었던 한국의 유치원은 많은 것들이 달랐다. 둘째 아이 육아 때 첫째 아이는 1년간 한국에서 유치원에 다녔다. 원생이 자그마치 260명이나 되는 규모가 큰 사립 유치원이었다. 왕자님과 공주님이 살고 있을 것 같은 유치원 건물의 화려한 외관과 스웨덴 유치원과는 비교가 되지 않을 정도로 빼어난 내부 시설은 우리 부부에게 첫인상을 좋게 심어주기에 충분했다.

첫 공식행사인 입학식이 열렸다. 처음으로 아이의 선생님을 만나볼 기회였다. 입학식은 유치원 건물 맨 위층에 위치한 강당에서 열렸다. 반들반들한 마룻바닥 위에 열과 오를 맞춰 놓여 있는 의자를 보며 한국 유치원은 역시 다르다고 생각했다. 스웨덴에서는 바닥에 광을 내지도, 의자 줄을 맞추지도 않으니까 말이다. 좌석에 앉아 정면을 보니 강당 중앙 맨 위에 걸린 태극기가 보였다. 그리고 그 밑에 내려진 스크린 위로 프로젝터가 빛을 쏘아 만든 태극기가 더 크게 보였다. 눈에 거슬렸다. 지금 내가 입학식이 아니라 군대 입소식에 온 걸까? 큼지막한 태극기를, 그것도 위아래로 두 개나? 유치원 다니는 아이들이 생각할 수 있는 공동체의 개념이란 가족과 친척, 아무리 크게 잡아도 동네 정도일 텐데, 대한민국이라는 국가의 개념이 유치원생에게 무슨 의미가 있길래 저렇게까지나 태극기를 강조해야 할까? 나는 어리둥절했다. 얼마 지나지 않아 강당은 사람들로 가득 찼고, 단상 위에 오른 진행자는 식순에 따라 행사를 진행했다.

"국민의례가 있겠습니다. 모두 자리에서 일어나주시기 바랍니다."

내가 옛날 사람이라는 게 인증되는 순간이었다. 국기에 대한 경례가 요새는 국기에 대한 맹세 또는 국민의례로 바뀌어 불린다는 걸 몰랐기 때문이다. 아무튼 나는 영문도 모른 채 다른 사람들을 따라 자리에서 일어났다. 강당 내 모든 사람들이 일어나자 진행자가 말을 이었다.

"나는 자랑스러운 태극기 앞에 자유롭고 정의로운 대한민국의 무궁한 영광을 위하여 충성을 다할 것을 굳게 다짐합니다."

아, 태극기는 이 충성 맹세를 위해 필요했던 것이구나! 우리가 대한민국에 충성하기 위해 태어난 것이 아니거늘 유치원 입학식에서 만 세 살짜리 꼬맹이들이 단체로 충성을 맹세하고 있었다.

원장이 단상으로 올라와 마이크를 잡았다. 본인 소개, 유치원 소개, 본인의 교육철학 소개, 유치원 수상경력 소개순으로 구구절절 이어졌다. 그리고 원장 본인의 앞으로의 다짐을 밝히며 입학식이 끝났다. 원장의 연설이 반드시 불필요하다고 생각하지는 않았지만, 우리 아이와 매일같이 생활하게 될 담임교사와 인사 몇 마디 나눌 시간도 없었던 것은 못내 아쉬웠다. 집으로 돌아와 머릿속에 남은 건 강당 앞 태극기와 학창 시절 땡볕 아래 운동장에서 열중쉬어 자세로 교장의 훈화 말씀을 듣곤 했던, 잊었던 옛 기억뿐이었다.

한 달 뒤, 교사와 학부모의 첫 만남 시간이 공지됐다. 학부모 교육을 위해 모든 학부모를 유치원으로 초대한다고 했다. 학부모를 '교육'한다는 게 대체 무슨 의미인지 이해할 수 없었다. 외부 육아 전문가를 초빙해 육아 관련 강의가 있으리라 짐작했다. 입학식과 마찬가지로 유치원 강당에 학부모들이 모였다. 입학식 때와 마찬가지로 원장의 연설로 이날 행사를 전부 채웠다. 두 시간을 넘긴 원장의 연설은 간략히 하면 두 가지로 정리

된다. 우리 유치원은 이렇게 저렇게 뛰어나다는 점을 잘 알아달라(가능하면 다른 부모들에게도 홍보도 좀 하시고), 그리고 이렇게 저렇게 해서 현실적으로 어려운 부분이 있으니 양해를 바란다는 것이었다. 학부모 교육의 '교육'은 바로 이런 것이었다. 유치원 운영에 있어서 학부모로부터 어떠한 의견도 듣고 싶지 않다는 태도가 비춰졌다.

여름방학이 시작되기 전에 우리는 담임교사와 개별상담을 가졌다. 한 학기에 한 번 15분의 시간이 주어졌다. 담임교사로부터 우리 아이에 대한 이야기만 듣기에도 짧은 시간이었다. 그렇다고 선생님을 오래 붙잡고 있을 수도 없었다. 원래 하고 있는 일만으로도 충분히 바빠 보였기 때문이다. 이날 면담을 위해 평소보다 일찍 퇴근해서 유치원을 찾아온 다른 학부모들도 생각해야 했다. 그렇게 기다렸던 선생님과의 상담은 그렇게 끝이 났다.

뒤에 더 이야기하겠지만 한국 유치원은 스웨덴과 비교해 좋은 점들도 많다. 하지만 귀를 닫은 유치원의 독단적 태도는 분명 지적받아야 할 부분이다. 우리 가족이 한국에 머물던 2018년, 그해 국회 국정감사장을 뜨겁게 달군 사안은 단연 사립 유치원 비리 문제였다. 일부 원장들의 '내 돈 내 마음대로 쓰는데 무슨 문제냐'라는 태도는 학부모들이 공분하기에 충분했다. 유치원 운영에 불만을 품고 있어도 이를 표출하지 못하는 학부모들이 많다. 혹시라도 나 때문에 우리 아이에게 불이익이 생길까 봐 걱정되기 때문이다. 유치원 운영이 마음에 들지 않으면 다른 유치원에 갈 수도 있지만 다른 유치원이 꼭 나으리라는 보장도 없다. 이런 문제로 정든 선생님 그리고 친구들과 헤어지는 건 어린아이에게 상처가 될 수도 있다. 유치원 운영이 독단적일 수 있는 것은 쉽게 말해서 아이가 볼모로 잡혀있기 때문이다.

사립 유치원은 국가로부터 막대한 재정 지원을 받고 있고, 학부모는 그 재정 지원을 부담하는 세납자다. 학부모가 가진 권리를 이용해 갑질을 할 생각은 없다. 다만 학부모와 선생님이 함께 고민하고 함께 책임지는 유치원에 아이를 보내고 싶을 뿐이다. 적어도 이 부분에 있어서만큼은 스웨덴 유치원으로부터 배울 점이 있다.

6. 학부모 앞에 당당한 선생님

스웨덴 선생님들은 학부모를 고객 모시듯 대하지 않는다. 이러한 모습에 나는 대체로 긍정적인 편이다. 우리 아이를 낮 동안 돌봐주는 선생님이 학부모에게 굳이 굽신거릴 이유는 없다고 생각한다. 당당하고 할 말다 하는 스웨덴 유치원 선생님이 나쁘게 보이지도 않는다. 하지만 때로는 선생님의 태도가 너무 당당한 게 아닐까 하는 생각이 몇 번 든 적이 있었다. 아이가 유치원을 처음 시작할 때였다. 선생님은 아이들의 개별 특이사항을 일일이 다 챙겨줄 수 없다고 딱 잘라 말했다. 그러니 아이가 먹어야 할 약은 유치원 등원 전후로 부모가 알아서 먹이라고 했다. 또한 아이 기저귀를 매번 때마다 갈아 줄 수 없으니 하루에 두 번 일괄적으로 갈

아주겠다고 했다. 한국 유치원 선생님으로부터는 듣지 못할 말들이었다.

겨울철이 되면 감기나 기타 전염성 질환 때문에 유치원은 초긴장 상태가 된다. 성인들보다 면역력이 약한 아이들이 단체 생활을 하는 장소이다 보니 질병이 쉽게 퍼질 우려가 있다. 겨울철에는 콧물을 흘리는 아이가 너무 흔해서 유치원에 못 갈 정도는 아니다. 기침을 조금 하는 아이도 큰 문제 삼지 않는다. 미열이 있다면 그때부터 선생님과 학부모는 긴장하고 아이의 체온을 수시로 확인한다. 만약 미열이 지속되거나 고열이 나면 아이는 3일 이상 집에서 쉬어야 한다. 다시 유치원에 보내기 전에는 아이가 정상 체온을 하루 이상 유지하는지 반드시 확인해야 한다. 특히 겨울철이 되면 크랙후까kräksjuka(구토병)라는 질병이 스웨덴 전역에서 유행하는데 증상도 고약한 데다 전염성도 강하다. 심한 구토가 가장 큰 증상이며, 피로, 설사, 복통, 두통, 고열 등을 동반한다. 어른도 이 병에 걸리면 견디기가 어려운데 하물며 아이가 걸리면 그 가족 전체가 고생하게 된다. 때문에 아이가 이 병에 걸렸다고 의심되면 최소 3일 이상은 집에서 쉬면서 회복에 집중하고 다른 아이들에게 질병이 퍼지는 것을 막아야 한다.

한번은 이런 문제로 유치원 선생님과 작은 말다툼을 벌인 적이 있다. 하루는 아이가 미열이 있었다. 나는 얼마 전에도 아픈 아이 때문에 자녀 간호 휴가를 내고 집에서 아이를 간호했었다. 일이 많이 밀려있던 터라 또 집에서 아이를 간호하기는 곤란한 상황이었다. 다음 날 아침에 일어나서 아이의 체온을 재어보니 정상이었다. 다행이다 싶어 아이를 데리고 유치원에 갔다. 하지만 교실 입구에서 마주친 선생님은 난감한 표정을 지었다.

선생님 아버님, 아이는 오늘부터 최소 3일간은 유치원에 오면 안 됩니다.
나 어제 미열이 있긴 했지만 지금은 아무렇지도 않아요. 오늘 아침에
도 정상 체온이었어요.
선생님 미열만 가지고 말씀드리는 게 아니라 엊그제 아이가 심한 설사
를 했어요. 설사와 미열 증상을 같이 보이는 아이는 구토병을 의심해야
해서 규정상 최소 3일 이상은 집에 있어야 해요.

이쯤에서 나는 순순히 선생님의 권고를 따랐어야 했다. 하지만 선생
님이 말하는 그 심한 설사라는 것을 곧이곧대로 믿기 어려웠다. 유치원
선생님은 된장찌개를 먹고 난 다음 날이면 어김없이 아이에게 심한 탈이
생긴 줄로만 알았기 때문이다. 또한 유제품을 많이 먹는 스웨덴의 음식
문화 때문에 락토스라고 불리는 유당을 쉽지 소화시키지 못하는 한국인
은 큰 탈이 없어도 종종 설사하게 된다.

나 그럼 어디 그 규정문을 좀 볼까요? (규정문을 받아서 천천히 읽어
내려갔다.) 네, 규정은 잘 알겠는데요. 규정문에는 설사와 미열을 동시에
보이는 경우라고 적혀 있어요. 하지만 우리 아이가 미열을 보인 건 어제였
고 설사는 엊그제였으니까 설사와 미열 증상을 동시에 보인 건 아니네요.

선생님 엊그제 애가 설사한 걸 아버님이 직접 보셨어야 했어요. 분명히 문제가 있어 보였다고요.

나 우리 아이는 구토병 때문에 설사한 게 아니라 평소 먹는 한국 음식이나 우유 락토스 문제로 일시적으로 설사할 수 있어요. 규정대로 하셨으면 좋겠습니다.

그러자 선생님은 얼굴을 붉히며 목소리를 높였다.

선생님 아버님, 이러시면 안 됩니다. 같은 반에 있는 다른 아이들도 생각하셔야죠. 이렇게 규정을 어기시면 유치원 입장이 곤란합니다.

나는 문득 혹시 우리 아이가 유치원에서 어떤 불이익이라도 받게 되는 건 아닐까 걱정됐다. 더 이상 논쟁을 이어갈 수 없었다. 불편을 드려 죄송하다고 사과하고는 아이를 데리고 집으로 돌아왔다. 물론 아이는 아프지 않았고 3일 내내 건강했다. 그 덕에 아내와 나는 하루씩 돌아가며 자녀간호 휴가를 쓰면서 평소 아이와 가보고 싶었던 장소로 놀러 갔다. 선생님과의 말싸움을 피할 수 있으면 좋았겠지만 선생님의 고압적인 태도가 말싸움으로 번진 원인이기도 했다.

한국에서 유치원 교사가 아이를 학대하는 충격적인 뉴스를 간간이 듣는다. 그런 끔찍한 유치원 교사는 극소수에 해당할 것이다. 나는 한국의 유치원 선생님들이 가끔 그리울 때가 있다. 내가 경험한 한국 유치원 선생님들은 하루 일과 중 아이가 행여 마음 상한 일이 있었으면 본인들 퇴근 시간 이후라도 부모에게 전화를 걸어 아이의 안부를 물어봐 주었다. 한국의 유치원 교사는 보수는 적고 잔업과 야근이 많은 직업으로 알려져 있다. 특히 대다수를 차지하는 사립 유치원 교사들은 더욱 열악한 대우를 받고 있다.[55] 요새 사립 유치원 비리로 말들이 많다. 부조리한 일들을 고칠 땐 고치더라도, 오늘도 열심히 내 자식을 돌봐주고 있는 다수의 선생님들에게 따가운 눈총보다는 따뜻한 응원을 전하고 싶다.

55. 연합뉴스, 국공립 어린이집보다 유치원 교사 월급 197만원 많아, 2015-07-17

6장

스웨덴 아빠가 육아하는 진짜 이유

아이가 아플 때

복지국가로 널리 알려진 스웨덴은 특히 출산과 육아에 있어서 철저한 무상의료를 실천하고 있다. 임신에서 출산까지 이르는 과정에서 산모가 지불해야 할 일체의 비용이 없다. 또한 스웨덴의 모든 어린이들도 무상의료의 혜택을 받는다. 정기검진, 백신, 통원 치료, 입원 치료, 치과 진료 등 모든 치료가 완전히 무료다. 또한 해열제와 같이 의사 처방 없이 살수 있는 의약품을 제외하면 의약품도 정부에서 모든 비용을 부담한다.(스웨덴의 지방자치 정부마다 '아이'를 다르게 정의하고 있는데, 0세부터 적게는 20세까지 많게는 25세까지를 아이로 보고 있다.)[56] 따라서 경제적 어려움으로 병원 문턱을 넘지 못하는 아이는 스웨덴에 존재하지 않는다.

1. 고열

아이가 생후 6개월이 되던 때, 휴가차 한국에서 가족들과 시간을 보내고 스웨덴으로 돌아가는 길이었다. 서울과 스톡홀름, 두 도시를 연결하는 직항은 아직 없다. 비행시간만 15시간, 공항까지 가는 시간과 대기시간을 모두 합치면 총 24시간이 걸린다. 아이를 데리고 여행하면 짐이 얼마나 많아지는지 부모라면 익히 공감할 것이다. 여기에 한국에서 싸 온음식까지 더해져 도착한 공항에서 큰 택시가 필요했다. 하필 도착이 지연되는 바람에 택시를 부르는 데 차질이 생겼다. 그로 인해 우리 가족은

---

56. Wettergren B. et al., Child Health Systems in Sweden, J Pediatr 2016;177S:S187-202

10분 남짓한 시간을 바깥에서 기다렸다. 스웨덴에서 가장 춥고 어두운 1월의 밤이었다. 긴 여정으로 지친 어린아이에게 찬바람은 독이 되었다. 그날 밤 아이는 첫 고열을 앓았다. 집에 도착해 확인해보니 아이의 체온은 40.5도를 찍었다. 내 눈을 의심하며 다시 열을 측정했지만 틀림없었다. 머릿속이 하얘졌다. 정신을 가다듬고 무엇을 해야 할까 생각했다. "1.1.7.7." 네 자리 숫자가 번뜩 떠올랐다. 스웨덴에 살고 있는 사람이면 누구나 이 번호로 전화 걸어 의료 상담을 받을 수 있다. 하루 24시간 운영되기 때문에 밤늦은 시간에도 상담이 가능했다. 5분 남짓한 대기 시간을 거쳐 상담원과 통화할 수 있었다. 아이의 상태를 듣고 난 뒤 상담원은 내게 물었다.

상담원 집에 해열제 있나요?

나 …… 그게 없네요.(이런 것도 사전에 준비해 놓지 않았다니, 나는 세상에서 가장 멍청한 아빠다.)

상담원 집에서 가장 가까운 곳에 위치한 24시간 문을 여는 약국을 알려 줄게요. 일단 해열제를 먹이고 미지근한 물로 아이 몸을 계속 닦아주세요.

나 지금 체온이 40도를 넘겼는데 응급실에 데려가 봐야 하지 않을 까요?

상담원 만약 이런 조치를 취했는데도 열이 더 올라가거나 여섯 시간 이내에 열이 떨어지지 않으면 그때 응급실을 찾아가 보세요.

나 아…… 여섯 시간을 지켜봐야 한다고요?

상담원 네, 어차피 응급실에 데려가도 마땅히 다른 조치를 취하지는 않을 겁니다.

전화를 끊고 난 뒤 다행히 이웃집에서 해열제를 빌릴 수 있었다. 그리고 상담원의 말대로 아이를 돌봤다. 다행히도 체온은 금세 38도 밑으로 내려갔다. 하지만 해열제 효과가 떨어질 즈음이면 열이 다시 올라갔고 해열제를 주면 다시 내려갔다. 3일 동안 37~39도 사이를 오르내리다 마침내 아이는 정상 체온을 유지할 수 있었다. 병원에 데려가지 말라는 상담원의 설명이 처음에는 너무도 냉정하게 느껴졌지만 합리적인 설명이기도 했다.

한국의 육아 관련 책들을 보면 한결같이 아이의 체온이 38.5도가 넘으면 가까운 병원으로 데려가라고 알려준다. 어떤 부모들은 고열을 앓고 있는 아이에게 항생제를 먹이거나 우리가 흔히 '링거'라고 부르는 하트만수액을 맞혀야 한다고 생각한다. 스웨덴과 비교하면 한국의 병원들은 부모들을 대신해 많은 역할을 맡고 있다. 불안한 부모의 마음에서 보면 병원에 기대는 것이 가장 마음 편한 방법일 수 있다. 하지만 부모 스스로 내릴 수 있는 판단이 점점 줄어서 때로는 병원과 약에 지나치게 의존하게 된다. 한국 아이들의 약물 오남용 문제는 어제오늘 문제가 아니다.[57] 또한 사회적 비용의 관점에서 보면 대수롭지 않은 질병에 너무 많은 인력과 자원을 쓰고 있어서 정작 중증 질환과 같은 큰 비용이 드는 질병은 제대로

57. 소비자안전국 식의약안전팀, 어린이 의약품의 안전성 및 이용실태 조사, 2002-05

대처하지 못하고 있다는 비판도 얼마든지 가능하다.

이후로도 아이는 몇 번 더 고열을 앓았다. 하지만 보건소를 찾아간 경우는 딱 한 번, 38.0도 이상의 고열이 3일 이상 지속되자 박테리아 감염에 의한 고열이 아닌지 의심된 경우였다. 테스트 결과는 음성이었고 의사는 해열제를 좀 더 주면서 지켜보라고 했다. 역시나 이틀 뒤 아이의 체온은 정상으로 돌아왔다.

2. 응급실

우리 아이는 만 2세가 넘을 때까지 크게 아픈 곳이 없었다. 때로는 너무 활기찬 것이 고민일 정도로 고맙게도 건강하게 자라주었다. 그러던 어느 날 기침을 하기 시작했다. 육아 2년 차 부모에게 그 정도 기침쯤은 걱정거리가 되지 못했다. 가벼운 감기 증상인가 싶어 따뜻한 물로 목욕을 시키고 밤새 증상이 어떻게 바뀔지 주시하며 하룻밤을 지켜보기로 했다. 목에 가래가 끓는지 아니면 다른 이유로 목이 불편한 건지 아이는 밤새 잔기침을 했다. 그리고 아침이 밝았다. 자녀간호 휴가를 쓰고 아이를 집에서 돌봐야 하나 고민하던 참에 소파에 앉아있던 아이가 갑자기 토할 듯한 기침을 했다. 아무것도 나오지 않았지만 마치 무언가가 아이의 기도를 막고 있는 듯했다. '아차! 목에 뭔가가 걸렸구나.' 1177에 전화를 걸었다. 상담원의 답은 뜻밖이었다. 지금 당장 응급실에 데려가 보라고 했다. 아차, 싶었다. 차분한 상담원이 응급실에 가 보라는 것을 보니 응급 상황임이 분명했다. 나는 애써 침착한 표정을 지으며 아이에게 물었다.

나 우리 아기 목에 뭔가가 걸려있어서 자꾸 기침하는 거래. 아빠가 빼 줄 수는 없고, 의사 선생님이 빼줄 수 있대. 그래서 오늘은 유치원 대신 아빠랑 같이 병원에 가봐야 될 것 같아.

아이는 눈을 동그랗게 떴다.

나 우리 꼬맹이, 병원에 한 번도 가 본 적 없지?

아이는 말없이 고개를 까딱였다.

나 그럼 오늘은 아빠랑 같이 병원에 놀러 가 볼까?
아이 헤헤, 그래.

천진난만하게 미소짓는 아이를 보니 사기친 것 같아 좀 미안한 마음이 들었지만 일단은 울리지 않고 응급실에 데려가는 데 성공했다.
걱정과 달리 평일 아침의 응급실은 한산했다. 실제로 스웨덴의 응급실은 대기시간이 길기로 악명이 높다. 특히 사람들의 야외활동이 많아지는 여름철과 그중에서도 휴일은 대기시간이 급격히 늘어난다. 부러진 팔을 붙들고 네 시간을 기다리고, 이마를 붙잡고 세 시간째 기다렸다는 주변 친구들의 경험담은 별로 놀랄 일도 아니다. 통계로 보면 응급실 평균 대기시간은 한 시간이지만 때와 장소에 따라 편차가 커서 심한 경우 여섯 시간 동안 기다리는 경우도 있다.[58] 접수처에서 기다리며 아이를 살펴보았다. 이제 아이는 간간이 잔기침을 할 뿐 큰 불편은 없어 보였다. 그래도 일단 병원에 오니 문제를 제대로 알 수 있을 것 같아 안심이 되었다. 예상외로 우리는 단 2분 만에 진료실로 들어오라는 부름을 받았다. 접수실 앞에 마련된 장난감을 갖고 놀던 아이를 덥석 안고 진료실로 들어갔다.

널찍한 진료실 한쪽에 놓인 의자 위에 우리는 자리를 잡았다. 잠시 뒤, 여러 명이 우르르 몰려왔다. 소아과 전문의, 가정의학 전문의, 인턴들, 그리고 다수의 간호사들, 총 12명으로 구성된 의료진이었다. 이 뜻하지 않은 상황이 나도 참 당황스러웠는데, 아이는 오죽했을까? 아마 뭔가 큰일이 일어나는 줄 알았던 모양이다. 아이는 울음을 터뜨렸다. 나는 아이를 진정시키며 병풍처럼 늘어서 있는 의료진을 향해 아이의 증상을 설명했다. 설명을 듣고 난 뒤 가장 나이가 많아 보이는 금발의 여의사가 청진기로 아이의 등을 통해 호흡을 확인했다. 아무것도 찾은 것이 없었는지 이번에는 입 안을 들여다보며 기도 안의 이물질을 찾아봤다.

---

58. THELOCAL.se, This is how long you may have to wait for emergency care in Sweden, 2017-11-29, https://www.thelocal.se

소아과 전문의 아이가 뭔가를 주워 먹었나요?

나 글쎄요, 목에 걸릴 만한 음식을 준 적은 없지만, 요새 하도 장난감을 입에 집어넣어서요. 유치원에서 작은 장난감이나 모래를 입에 넣는 건 흔한 일이고요. 길에 떨어진 작은 담배꽁초도 주워서 입에 넣으려고 할 징도로 아이가 아무것도 주워 먹지 않았다고 장담하긴 조금 어렵습니다.

소아과 전문의 (고개를 한두 차례 끄덕이며 생각에 잠긴 후) 일난 엑스레이를 찍어 이물질이 없는지 확인해보죠.

건장한 남자 간호사 셋이 다가와 엑스레이 촬영을 준비했다. 한 간호사는 곰 인형을 보여주며 미소 지었지만 아이의 울음을 그치게 하지는 못했다. 긴 실랑이 끝에 엑스레이 사진이 나왔다.

소아과 전문의 엑스레이 사진에는 어떤 이물질도 안 보이네요. 하지만 이물질이 아주 작거나, 기도에 찰싹 달라붙어 있으면 사진에 보이지 않을 수도 있어요.

의사는 잠시 나를 응시했다. 내가 상황을 이해했는지 확인하는 모양이었다.

가정의학 전문의 기도를 확인하는 가장 좋은 방법은 내시경인데 아이는 움직일 수밖에 없으니 수면 내시경을 해야합니다. 마취과 전문의와 상의를 해봐야겠군요.

나 ……. (이제 두 살밖에 안 된 아이에게 수면 마취라니…….)

나는 일이 점점 더 커지는 것 같아 두려워졌다.

소아과 전문의 아까 감기 증상을 보인다고 했는데 기도에 생긴 염증으로 인한 호흡곤란일 가능성도 있겠네요. 마취과 전문의와 상의하는 데 시간도 걸리니, 일단 항생제를 투여하고 경과를 지켜보는 게 좋겠어요.

아이에게 항생제를 투여하고 우리는 병실로 옮겨 결과를 기다렸다. 한참을 기다리고 난 후에야 전문의 둘이 병실로 들어와 다시 아이의 상태를 살폈다.

소아과 전문의 (청진기로 아이의 호흡 상태를 확인하더니) 상태가 많이 좋아졌습니다. 아무래도 염증으로 생긴 문제였던 모양이에요. 이대로 항생제를 며칠간 더 투여하면 괜찮을 것 같습니다.

나 그럼 수면 내시경은 안 해도 되는 건가요?

마취과 전문의 네. 수면 내시경이 크게 위험하지는 않지만 두 살짜리 아이에게 수면 마취를 하는 건 전문의인 저에게도 부담입니다.

나 네, 다행입니다. 그럼 이제 퇴원해도 될까요?

소아과 전문의 아니오, 오늘 밤은 입원해서 경과를 같이 지켜보는 게 좋을 것 같아요. 보호자 분께서 아이를 꼭 데리고 나가시겠다고 하면 막을 수는 없지만, 제 판단으로는 만일에 대비해서 오늘 하룻밤 입원하시는 게 옳다고 봅니다.

의사의 말을 듣고 집에 가겠다 우길 수는 없었다. 퇴근 후 아내가 병실로 찾아왔고 그날 밤 우리 가족은 병실에서 하룻밤을 보냈다. 그리고 다음 날 아무 일도 없던 듯 퇴원했다. 아이에게 무상의료가 제공되기 때문에 병원비는 한 푼도 들지 않았고, 본인 부담금도 없었으며, 약국에서 약을 살 때도 비용을 지불하지 않았다.

스웨덴에서는 아이가 아플 때 병원에 데려가기보다는 집에서 부모가 상황을 판단해야 할 경우가 많았다.(판단이 어려울 때는 1177의 도움을 받았다.) 하지만 이번 경우는 1177 상담원이 지체없이 아이를 응급실로 데려가라고 안내했고 응급실에 도착하자마자 바로 진료를 볼 수 있었다. 또한 여러 전문의들로 구성된 진료팀이 아이를 살펴주었다. 단 몇 분간이라도 숨을 제대로 쉬지 못하면 뇌에 심각한 손상을 주거나 사망에 이를 수 있기 때문에 의료진이 발 빠르게 대처했던 것이다. 그 일로 나는 스웨덴 의료 체계를 다시 한번 신뢰할 수 있게 되었다.

3. 귀에 빠진 돌

아이가 만 세 살에 가까워질 무렵이었다. 나는 평소와 다름없이 네 시 반에 아이를 데리러 유치원에 갔다. 그날은 선생님이 내게 들려줄 특 이사항이 있었다.

선생님 오늘 아이가 밖에서 노는데, 글쎄 오른쪽 귀에 돌을 집어넣더 라고요. 아니, 왼쪽인가? 아무튼 보자마자 한쪽으로 머리를 돌려서 빼내 기는 했는데 더 남아 있는지는 잘 모르겠어요.

나 (태연한 척 웃어 보이며)아, 그랬나요? 아이가 짓궂어서. 그런데 오 른쪽이라고요? 돌이 몇 개가 들어갔는데 몇 개가 나온 거죠?

선생님 아마, 오른쪽일 거예요. 몇 개가 들어갔는지는 모르겠고, 두세 개가 나왔어요. 불안하시면 아무래도 병원에 데려가 보는 게 좋을 것 같 아요.

알겠다고 인사 나누고 유치원을 나왔다. 집에 돌아오자마자 나는 아 이에게 물었다.

나 우리 꼬맹이, 오늘 귀에다가 돌을 집어넣었어요?

아이 응, 크흐흐!

나 귀에다 돌 집어 넣는 게 재미있었어요?

아이 응, 우헤헤헤!

나 그런데 그 돌 때문에 귀도 아프고 머리도 아플 수 있어. 어쩌면 지난번처럼 또 병원에 가야 될지도 몰라. 그럼 정말 안돼, 알겠니?

아이 응.

나 잠깐 아빠 봐봐. 자, (고개를 좌우로 저으며)아빠처럼 머리를 이렇게 도리도리해 볼까?

아이가 나를 따라 도리도리한다.

나 어때, 귀에서 무슨 소리 안 들리니? 달그락달그락 같은 소리?

아이 아니, 안 들려.

나 음, 그래? 그럼 다시 한 번만 도리도리해 볼래?

아이 아이참, 안 들린다고!

그러더니 휑하고 달아나 버린다. 지금 누구 때문에 이러고 있는 건데, 정말 이럴 때면 머리통을 콕 쥐어박고 싶다. 귀에 돌이 있으면 소리가 안 날 리가 없겠지라고 생각하며 며칠 지켜볼 참이었다. 그날 밤 아이는 아무 일 없이 잠도 잘 잤고, 다음 날 아침에도 평소처럼 유치원에 등원했다. 그런데 오전 열 시경, 유치원에서 전화가 왔다.

선생님 아버님, 큰일은 아닌데, 방금 아이 귀에서 돌이 또 나왔네요. 오늘 오전에 돌을 또 넣은 건 아닌지 모르겠지만, 아마도 어제 들어간 돌이 다 안 나온 모양이에요, 아무래도 병원을 가 보는 게 좋겠어요.

마침 재택근무를 하고 있던 터라 집에서 3분 거리에 있는 유치원으로 곧장 갔다. 유치원에서 아이를 데리고 집 근처에 있는 일반 보건소로 향했다. 그날은 운이 좋아서 유치원으로부터 전화를 받고 아이가 진찰용 의자에 앉기까지 20분도 채 걸리지 않았다. 의사 선생님은 이경으로 아이의 귀를 여기저기 살펴봤다.

의사 귀지가 너무 많아서 안보여요.

그렇다. 우리 아이는 태어나서 단 한 번도 귀지를 파본 적이 없었다.

나 그럼, 죄송하지만 귀지를 좀 제거하고 귀 안에 돌이 있는지 확인해 주실 수 있나요?
의사 그건 여기서 할 수 있는 게 아니고 이비인후과에서 쓰는 장비가 필요해요. 예약해드릴게요. 이르면 오늘 오후에 진료를 보실 수 있을 거예요.

귀지를 파는 데 장비가 필요하다는 말이 좀 의아했지만 언제나 그랬듯 나는 의사의 판단을 믿고 따랐다. 아이는 신이 났다. 평소보다 유치원에서 일찍 나와 아빠랑 같이 시간을 보내는 게 좋았던 모양이다. 이러다 매일같이 귀에 돌을 집어넣는 게 아닐까 걱정스러웠다.

예약이 가능했던 이비인후과는 시내에 위치한 한 곳뿐이었다. 밖에서 아이가 좋아하는 초밥을 먹고 놀이터에서 놀다가 시간에 맞춰 이비인후과로 이동했다. 다시 아이가 진찰용 의자에 앉았다. 이비인후과 전문의는 이경으로 귀 안을 이리저리 보다가 안 되겠던 모양인지 귀지를 꺼내겠다고 한다. 그러더니 길쭉한 집게를 하나 꺼내 들었다.

나 ?!(응? 이건 의료 도구가 아니라 연탄집게 같은데? 저게 애 귀에 들어갈 수 있나?)

그렇게 잠깐 생각하는 사이 집게는 벌써 귀 안에 들어가 있었다. 그러더니 도로 귀 밖으로 나온 집게에는 커다란 알사탕이 하나 들려 있었다. 정말 더럽게 큰 귀지였다.

"우와~!" 아빠와 아들은 한마음으로 탄성을 질렀다. 잠시 뒤 집게는 반대쪽 알사탕 귀지도 꺼내왔다. 다시 한번 아빠와 아들 입에서 탄성이 나왔다.

나 귀지가 이렇게까지 커질 수도 있군요. 제가 저렇게 커지기 전에 청소를 해줘야 했나요?

의사 아니요, 애들 귀지는 원래 이렇게 커요. 그리고 귀지는 청소할 필요가 없으니까, 괜히 건들지 않는 게 좋습니다. 아무튼 귓속에 돌도 없고 깨끗하니 안심하셔도 됩니다.

돌아오는 길에 나는 아이에게 신신당부시키며 앞으로는 귀 안에 아무것도 넣지 않겠다는 약속을 받아냈다.

7장

스웨덴 아빠가 육아하는 진짜 이유

육아 천국의 그늘

1. 무상의료는 빛 좋은 개살구인가?

• 황달 치료

첫째 아이가 막 태어났을 때 일이다. 아이를 출산하고 우리 가족은 분만실에서 입원실로 옮겨졌다. 그곳에서 휴식을 취하는 사이 간호사가 아기의 혈액검사 결과를 가져왔다. 모든 게 다 정상인데 빌리루빈 수치가 너무 높단다. 혈액 안에 빌리루빈이 너무 많으면 심한 경우 신경조직을 손상시킬 수 있기 때문에 수치를 적정선으로 유지하는 것이 중요하다고 했다. 노란색을 띠는 빌리루빈이 혈액 안에 너무 많으면 피부가 노랗게 보이기 때문에 우리는 이것을 황달이라고 부른다. 한국을 포함한 동아시아 신생아들에게 많이 나타나는 증상이다.[59] 치료법은 아기에게 햇볕을 많이 쐬어 주어 간의 빌리루빈 분해작용을 촉진시키고 우유를 많이 먹여 변을 통해 빌리루빈을 배출시키는 것이다. 하지만 신생아가 자외선이 섞인 햇볕을 직접 많이 쐴 수는 없기 때문에 포토테라피 기계가 발생하는 빛을 쐬어 준다. 간호사의 안내에 따라 포토테라피 기계 바로 아래 놓인 바구니에 아기를 벌거벗긴 채 내려놓았다. 눈부심을 우려해 안대로 눈을 감싸 주었다. 바구니 안에 아기가 잘 누워있어야 치료 효과가 좋을 텐데 아기는 가만히 있지 않고 울어댔다. 어쩔 수 없이 나는 아이를 치료 도구

---

59. Setia S, et al. Neonatal Jaundice in Asian, White, and Mixed-Race Infants, Arch Pediatr Adolesc Med. 2002;156(3):276-279

와 함께 통째로 꺼내 네 시간 동안 안아주었다. 한 시간을 쉬고 다시 한 번 네 시간 동안 아이를 안아서 빛을 쐬어 주었다. 하지만 황달은 치료되지 않았고 결국 2주 동안 우리 가족은 병실을 벗어나지 못했다. 이때까지만 해도 누구를 원망하지 않았다. 황달이 아주 드문 질병도 아니고, 아기가 크게 아프지 않은 것에 감사할 따름이었다.

• 미숙한 간호사들

혈액 속 빌리루빈 수치를 확인하기 위해 간호사들은 아이의 몸에서 하루에 세 번씩 피를 뽑았다. 단번에 채혈에 성공하는 경우는 열에 한 번

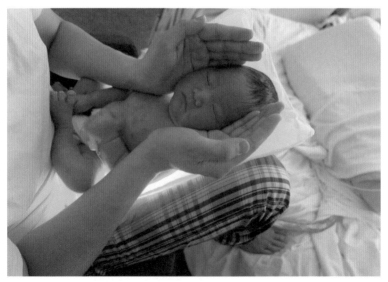

아이는 생후 한 달간 황달을 앓았다. 생후 첫날 병원에서 포토테라피 치료를 받는 모습이다.

됐을까? 간호사들은 아이의 몸에 불필요한 바늘구멍을 너무 많이 만들었다. 매번 바늘을 두세 번 꼽기 일쑤였다. 한번은 더 이상 꽂을 곳이 없어 정수리 근처 혈관에서 채혈을 시도했다. 바늘을 꽂기는 했는데 피는 관을 따라 흘러나오지 않고 바늘 밖으로 넘쳤다. 간호사는 주사기로 채혈하는 대신 정수리 위로 흐르는 피를 채혈통으로 직접 퍼 담았다. 한 줌도 안되는 아기에게 채혈하는 게 어려운 건 알겠지만, 그래도 신생아실에서 근무하는 간호사가 이런 실수를 저지르는 건 좀 아니다 싶었다.

주삿바늘을 몸에 꽂을 때 아이의 주의를 다른 곳으로 돌리기 위해 포도당액을 주사기로 조금씩 입에 넣어주었다. 간호사마다 포도당액을 주는 방식이 조금씩 달랐다. 어떤 간호사는 내게 포도당액 주사기를 건네며 도와달라고 했다. 나는 거리낌없이 도왔다. 그런데 한번은 어떤 간호사가 주사기에 가득 찬 포도당액을 아기 입에 한꺼번에 쭉 주입하고는 채혈을 시작했다. 나는 놀라서 그 간호사에게 왜 한꺼번에 다 줬냐고 물었다. 원래 그렇게 하는 거란다. 내가 하루에 세 번씩 아기 채혈을 지켜보는데 이런 경우는 처음 본다고 하니 간호사는 말이 없었다. 나도 할 말을 잃었다.

그렇게 2주를 보내고 난 뒤 아이의 빌리루빈 수치는 더 높이 올라가지 않았다. 하지만 아직도 적정선 밑으로 내려간 것은 아니어서, 포토테라피 장비를 병원에서 빌려 집으로 가지고 갔다. 집에서 치료하며 수치가 내려가기를 기도했다. 사흘에 한 번씩 통원 진료를 받으며 빌리루빈 수치를 확인했는데 다행히도 수치는 점차 내려갔다. 물론 그때마다 채혈을 했다. 통원 진료를 받은 지 2주 뒤, 아이가 생후 한 달이 다 되었을 때였다. 당연히 그날도 채혈을 위해 몸에 바늘구멍을 낼 거라고 생각했다. 그런데 그날은 간호사가 평소와 달리 못보던 기계를 하나 꺼냈다. 아이의 가슴에 그 기계를 가만히 3초간 대고 있으니 빌리루빈 수치가 측정됐다. 헐!!! 그럼 그동안 왜 아이의 몸에 몇백 개의 바늘구멍을 만든 거지? 갑자기 화가 솟구쳤다.

나 (조금은 흥분한 목소리로)이런 기계를 놔두고 지난 한 달 동안 왜 힘들게 채혈했던 건가요?
간호사 분만을 했던 그쪽 병원 사정은 잘 모르겠지만 모든 병원에서 측정기를 상비하고 있는 건 아니에요. 아무튼 수치가 정상으로 나오니까 이제는 안심하셔도 괜찮아요.

그날이 빌리루빈 수치를 확인하기 위한 마지막 방문이 되었다. 진작에 기계를 사용했으면 좋았을 텐데 마지막 날에 딱 한 번 써보았다. 일단 황달 문제가 없어졌다는 말은 기뻤지만, 그동안 갓난아기가 느꼈을 고통과 흘렸던 피를 생각하면 억울한 마음을 지울 수 없었다. 이후 친구들을 만날 때마다 하소연하듯 그 이야기를 꺼냈다. 의사인 친구는 아마 기계보다는 채혈로 측정하는 수치가 더 정확하기 때문에 그랬을 거란다. 그럼 기계 측정을 여러 번 반복하거나 하루 세 번 중 한두 번은 기계로 대체할 수 있지 않냐고 물었더니, 친구는 그럴 수도 있겠다고 한다. 이젠 다 지난 일이지만 만약 다시 한번 스웨덴에서 아이를 출산하게 된다면 그땐 내가 직접 빌리루빈 측정기를 구비해 놓겠다고 다짐했다.

• 진료비 청구서

퇴원 뒤 병원에서 온 청구서를 받았다. 총 8,000크로나. 한화로 백만 원이 조금 넘는 금액이었다. 한국에 살고 있는 독자에게 이 금액이 어떻게 받아들여질지는 모르겠지만, 스웨덴 공공의료보험의 보장성을 생각하면 이런 높은 금액의 진료비를 내는 경우는 흔치 않다. 더군다나 출산과 관련된 비용은 전액 국민건강보험으로 보장된다고 하지 않았던가? 내용을 살펴보니 일단 무상의료가 적용된 것은 맞았다. 분만 과정에서 수시로 오갔던 조산사와 간호사, 산부인과 전문의, 무통주사를 맞기 위해 마취과 전문의도 다녀갔고, 분만 후 외과 전문의가 수술을 집도했다. 그리고 가족 병실에서 2주 동안 머물렀다. 아마 의료보험이 적용되지 않았다면 한화로 몇천만 원이 청구되었을 것이다. 알고 있던 대로 출산 과정과 관련된 청구 내역은 없었다. 출산 이후 아내에게 청구된 병실 이용료는 하루에 50크로나, 총 14일을 머물렀으니까 700크로나, 한화로 9만 원이 조금 넘는다. 본인 부담금에 해당하는 비용으로 이상한 점은 없었다. 문제는 바로 나였다. 내가 병실에서 머물러야 할 이유를 건강보험에서 인정하지 않은 것이다. 따라서 내가 이용한 병실료는 보험처리가 되지 않아 하루에 500크로나, 똑같이 총 14일간 머물렀으니 7,000크로나, 한화로 90만 원이 넘었다.

병실에 머무는 동안 어느 누구 하나 내가 지불해야 할 비용에 관해 설명해주는 사람은 없었다. 미리 이 내용을 알았더라도 아픈 아내와 황달 치료를 받고 있는 갓난아기를 남겨두고 나 혼자 집에 올 수는 없었기 때문에 결과는 마찬가지였을 것이다. 하지만 기분이 좋지는 않았다. 스웨덴 무상의료에 대한 기대 때문에 자세히 알아보지 않은 내 잘못이기도 했다. 하지만 민간의료보험에 가입된 사람이 많지 않은 스웨덴에서 병간호인을 보험적용 대상으로 인정하지 않는 것은 조금은 이해하기 어려웠다. 나도 마찬가지로 가입된 민간보험이 하나도 없었기 때문에 청구된 병원비를 고스란히 지불해야만 했다.

2. 복지국가의 무게감

유토피아는 상상 속에서만 존재한다. 만약 어딘가에 존재하는 유토피아를 실제로 보게 된다면 그곳은 더 이상 유토피아가 아닌 현실 세계의 어느 하나가 되어 버린다. 육아 천국이라는 스웨덴에서 살고 있는 부모들에게도 일상의 어려움은 있다. 육아 천국을 만들고자 했던 그들의 노력이 역설적으로 스트레스의 원인이 된다는 점은 그래서 참 아이러니하다.

• 부모 스스로 온전히 책임지는 육아

　스웨덴에 살고 있는 부모들은 육아를 위한 제도와 환경이 잘 정비되어 있는 만큼 부모 스스로 전적으로 육아를 책임져야 한다는 부담이 있다. 조부모나 다른 이로부터 도움을 받는 것은 그래서 조금은 이상한 일로 받아들여질 수 있다. 한국 부모들이 여의치 않은 육아 여건 때문에 어쩔 수 없이 조부모에게 도움을 요청해야 하는 것과는 정반대 상황이다.

　스웨덴은 남한 면적의 4.5배나 되는데, 인구는 천만 명 남짓이라 24배가량 인구밀도가 낮다. 수도인 스톡홀름에는 스웨덴 전체 인구의 10분의 1이 모여 살고 있다. 수도권에 대한민국 인구의 절반 이상이 몰려 사는 것과는 무척 대조적이다. 스웨덴은 넓은 국토에 적은 인구가 고르게 퍼져 살고 있다고 해석될 수도 있다. 엄마 아빠는 취업 기회가 많은 도시에 살고 아이의 조부모는 조금 떨어진 한적한 도시에 사는 경우가 대부분이다. 조부모가 종종 시간을 내서 아이와 함께 시간을 보내기는 하지만 아이 부모가 다른 데 놀러 간 사이 아이를 대신 봐주러 오지는 않는다. 물론 그런 경우가 아예 없지는 않다. 결혼기념일, 밸런타인데이 또는 부모가 다른 결혼식에 참석하는 경우 (스웨덴의 결혼식은 보통 1박 2일로 치러지기에) 조부모가 아이를 대신 봐줄 수도 있지만 딱 그 정도까지만이다. 스웨덴 할아버지 할머니들은 퇴직하지 않고 아직 일을 하고 있는 경우도 많고 퇴직을 했더라도 연금을 받으며 본인 나름의 삶을 꾸리고 있다. 그런 그들에게 몇 시간씩 차를 타고 와서 손주들을 봐달라고 하는 것은 부담스러운 게 사실이다. 조부모 처지에서 보자면 무엇보다도 육아휴직도 보장받고 수당도 받고 기타 혜택도 받으면서 조부모에게 육아를 떠넘기는 것을 이해하기가 쉽지 않다.

베이비시터를 쓰는 경우가 아주 드물지는 않지만 흔한 광경도 아니다. 인건비가 만만치 않기 때문이다. 앞서 살펴보았듯이 스웨덴 정부로부터 받는 육아수당 금액은 그리 크지 않다. 그에 비해 베이비시터에게 챙겨 줘야 할 비용은 시간당 160~200크로나 정도이며, 여기에 하루에 4~6시간을 고용한다면 아무리 적게 잡아도 한 번에 640크로나(한화로 약 8만 원)의 비용이 든다. 그런데 아이와 친밀도를 유지하려면 한 달에 몇 번씩 고정적으로 써야 한다. 아이가 모르는 사람을 어느 날 갑자기 베이비시터라고 집에 데려올 수는 없는 노릇이기 때문이다. 따라서 일주일에 2~3회 고용하게 되면 비용은 금세 일주일에 20~30만 원이 된다.

한국에 비해 스웨덴의 육아 여건이 전반적으로 좋은 건 사실이다. 하지만 세상에 힘들지 않은 육아란 없다. 이보다 더 힘들게 육아를 떠맡고 있는 한국 엄마들이 보기엔 복에 겨운 소리로 들릴 수 있겠지만, 사람은 원래 다른 사람 머리 위에 지고 있는 커다란 돌덩이보다 자기 발밑에 낀 모래 알갱이가 더 성가신 법이다. 우리 눈에는 스웨덴 부모가 육아로 인해 받는 스트레스가 아무리 작아 보여도 본인에게는 그것이 세상에서 가장 큰 스트레스다. 아무리 여유 있고 평화로운 육아 일상을 누린다고 해도 아이가 한두 살이 되어 유치원에 갈 때까지 똑같은 일상을 매일 반복한다면, 부모가 일상에서 스트레스를 느끼는 것은 어쩌면 당연한 일인지도 모른다.

• 시민의 진짜 의미

스웨덴 사람은 문제가 있으면 이를 사회시스템으로 해결하려고 한다. 그 과정에서 발생하는 부수적인 불편한 점들은 개인이 감당할 몫으로 여긴다. 자신을 사회시스템을 운영하고 있는 주인으로 생각하기 때문이다. 세계에서 가장 좋은 육아시스템을 갖추고 있다는 스웨덴에서 육아가 힘들다고 말하면, 자칫 남들에게 본인은 시스템의 주인답지 않게 불평이나 하는 사람으로 비칠 수 있다. 따라서 스웨덴에서 육아로 인해 겪는 불편이나 어려운 부분은 타인에게 말할 수 없는 고민이 될 수 있다.

스웨덴 사회의 개개인이 자신을 시스템의 주인으로 생각하는 사고방식은 우리에게 쉽게 이해되지 않는 측면이 있다. 뮌디그Myndig란 말이 있다. 이 단어의 표면적 의미는 한 개인이 만 18세가 되어 성인이 되었다는 것이다. 하지만 진짜 의미는 그리 단순하지 않다. 사회를 구성하는 또 하나의 시민으로서 가질 수 있는 법적 권리와 의무를 다할 수 있는 능력을 갖춘 상태를 뜻한다. 단순히 나이가 들어서 술과 담배를 마음대로 살 수 있는 상태가 아니다. 혼자서 옳은 판단을 할 수 있고 자립할 수 있는 능력을 갖춘 온전한 성인으로 인정하기 때문에 술과 담배도 본인의 판단에 따라 결정할 수 있고 정부로부터 학자금 대출을 받거나 은행으로부터 돈을 빌릴 수도 있다. 그리고 투표권도 주어진다. 반면 온전한 성인으로 대접받는 만큼 본인의 책무에 성실히 임해야 하고 시민들이 약속한 사항들을 준수하지 못할 경우 이에 따른 법적 책임도 마땅히 져야한다.

온전한 성인이라는 개념은 과거 로마제국의 시민의 의미와 비슷하다. 로마 시민은 직접 정치에 참여할 수 있는 권리를 가지지만 그와 동시에 납세와 병역의 의무를 지고 법적 처벌의 대상이 되기도 했다. 또한 시민이란 개념은 정치에 참여할 수 없는 대신 납세와 병역의 의무 또한 지지 않는 노예와 구별되어 사용되었다. 이후 시민의 개념은 유럽 전역에 뿌리를 내렸고 현대 서구사회에서 그 흔적을 찾아볼 수 있다. 미국의 참정권이 백인 남성, 흑인 남성, 여성 순으로 확대되었던 것을 시민 사회의 역사적 진일보로 보는 것도, 현대 국가에서 투표권을 가진 사람을 성인으로 보는 것도 바로 이런 연유에서다.

흔히 북유럽 나라들을 사회민주주의 국가라고 부른다. 짧게 풀어 보자면 시민 개개인이 가진 주권으로 형평성이 보장된 사회공동체를 만드는 것을 국가의 최우선 이념으로 여기는 나라들이란 말이다. 본인이 행사하는 주권으로 현재와 미래의 삶을 결정하는 것이 시민의 권리이자 의무라고 믿기 때문에 사람들은 높은 정치 의식을 보여준다. 이는 곧 활발한 정치 참여로 이어진다. 최근에 있었던 2018년 스웨덴 국회의원 선거에서 투표율은 87.1%를 기록했다.[60] 이런 적극적인 시민들을 둔 덕에 일반인을 향한 정치권의 문턱은 매우 낮고 사람들은 정치를 통해 삶의 크고 작은 문제를 해결할 수 있다고 믿는다. 정치 투명성은 다른 나라들의 귀감이 될 정도다.[61] 이 나라를 시민들 스스로 만들어 냈다는 자부심도 크지만 그에 비례해 온전한 성인으로서 그 역할을 다해야 한다는 책임감도 크게 느낀다.

시민은 곧 온전한 성인이라는 개념은 문화적 기반이 다른 우리에겐 생소하기만 하다. 지배층과 피지배층으로 나뉜 계급사회가 지난 몇천 년 동안 한반도에 자리 잡아 왔기 때문이다. 마지막 왕정 국가였던 조선왕조는 소수 양반 지배층과 다수의 비양반 피지배층으로 이루어진 나라였다. 이후 일제시대를 거쳐 갑작스레 해방을 맞이하고 미 군정의 힘으로 민주주의 국가가 되면서 시민주권주의도 함께 수입되었다. 하지만 대한민국 현대사의 긴 시간을 차지했던 군부독재 정권은 국민을 진정한 시민으로 대접하지 않았다. 이렇듯 짧은 시민사회의 역사 때문에 많은 사람들이 세상을 아직도 지배층과 피지배층으로 구분하고 자신을 피지배층의 일부로 여기고 있다. 우리의 권력으로 뽑은 대통령과 국회의원을 우리의 대리인으로 보지 않고 우리 위에 군림하는 지배층으로 여기는 사람들이 그렇다. 평소에는 국회의원을 수없이 욕해도 막상 근처라도 가면 높은

60. Valmyndigheten, Valpresentation 2018, https://data.val.se/val/val2018/slutresultat/R/rike/index.html

61. Transparency International-The Global Anti-Corruption Coalition, https://www.transparency.org/news/feature/corruption_perceptions_index_2017

사람 앞이라고 굽신거리는 사람들도 그렇다. 시민이란 단어보다는 '서민'이란 단어가 우리에게 더 익숙한 것은 현대판 지배층인 부자로부터 자신을 피지배층으로 분리해서 보는 시각이 우리에게 관성처럼 남아있기 때문이다. 흔히 우리 한민족의 정서를 표현하는 단어로 정, 애환, 연민, 해학 등을 꼽는다. 하지만 엄밀히 말하면 이들 단어는 피지배층 또는 서민의 정서를 대변하고 있다. 시민의 정서와는 거리가 멀다.

역사적으로 한반도에 군림했던 나라들은 모두 강력한 왕정 국가였다. 이는 피지배층과 지배층으로 나뉜 구조를 전복시키거나 새로운 구조를 만들 기회가 없었다는 것을 의미한다. 따라서 일반 백성은 삶의 문제를 정치적으로 해결하기보다는 피지배층 안의 사람들끼리 서로가 서로의 아픔을 치유해주는 방법으로 해결해 왔다. 바로 동병상련의 코드다. 그리고 이 모습은 아직 우리 사회 곳곳에 남아있다. 학창 시절 우리는 친구들과 학생주임을 씹어야 속이 후련했다. 대학 시절 동기들끼리 모이면 선배랍시고 아니꼽게 구는 선배는 언제나 술자리의 좋은 안주가 되었다. 그리고 직장인이 된 지금 직장 내에서 상사에게 호되게 당한 날이면 그날 저녁 회사 동기들끼리 소주 한 잔 기울이며 회포를 푸는 것으로 위안을 삼는다. 회사 내 노조나 고용노동부와 연락을 취해 볼 생각은 애초부터 하지도 않는다. 상사의 만행을 공식적으로 문제 삼고 이에 따른 정당한 처벌을 요구하기에는 상사와 회사 그리고 이 사회가 너무 두렵기 때문이다. 문제아 중딩, 대학교 신입생, 신입사원, 서민, 소수자, 피해자, 을과 병, 약자 등 우리 사회 피지배층은 다양한 이름으로 존재한다. 그리고 독박육아에 몰린 엄마들도 여기에 포함된다. 많은 엄마들이 집착하리만큼 맘카페에 의존하는 이유는 육아 정보를 얻기 위함도 있지만, 본인의 상황을 이해하고 함께 위로해줄 수 있는 같은 처지에 놓인 사람들이 바로 그곳에 있기 때문이다. 역시 동병상련의 코드로 이해할 수 있다.

•불평할 수 없는 온전한 성인

앞서 스웨덴의 휘까 문화를 설명했다. 맛 좋은 커피와 휘까빵을 마음 맞는 친구들과 함께 즐기며 가벼운 담소를 나눌 수 있는 휘까. 스웨덴에서 육아하는 엄마 아빠에게 휘까는 하루 일상의 꽃이다. 그럼 이들의 대화에도 동병상련의 코드가 있을까? 아니다. 휘까에서 본인이 어려움에 처한 일에 관해서는 가급적 언급을 자제하는 것이 보통이다. 스웨덴 사람들은 정말 친한 친구와 단둘이 있는 경우가 아닌 이상 깊은 속내를 쉽게 털어놓지 않는다.(술을 좋아하는 스웨덴 사람들답게 술을 많이 마신 경우 속내를 보이기도 하지만 이는 논외로 두자.) 혹시 육아가 수월해서 그런 건 아닐까? 아니다. 육아 스트레스가 아예 없는 사람은 없다. 다만 부모로서 역할을 다하는 시민, 즉 온전한 성인으로서 본인이 당연히 감당해야 할 책무를 다하지 않는다는 인상을 주변 사람들에게 주고 싶지 않기 때문에 입 밖으로 쉽게 꺼내지 않는 것이다. 대신 휘까에서는 육아

중에 있던 유쾌한 에피소드, 다른 사람에게 들었던 재미난 이야기, TV나 넷플릭스에서 새롭게 시작한 프로그램, 새로 산 육아용품 등 누구나 쉽게 말하고 들을 수 있는 것들을 이야기 소재로 삼는다.

"A: How are you? B: I'm fine, thank you." 우리는 이 영어 대화를 무슨 공식 외우듯이 알고 있다. 하지만 이 공식이 꼭 틀린 것도 아니다. 서구권 나라에서 무척 친한 사이가 아니고서 "나 오늘 굉장히 안 좋아"라고 대답하는 사람은 없기 때문이다. 불평하는 모습은 온전한 성인의 모습과는 거리가 있다. 특히나 이곳은 세계에서 가장 살기 좋은 곳으로 알려진 스웨덴이다. 내가 괜찮지 않을 이유가 없다. 아니 없어야 한다. 육아 천국이라 불리는 스웨덴에 살고 있는 부모가 불평할 일이 없어야만 하는 이유이기도 하다.

스웨덴 사람들은 문제가 있으면 시스템으로 해결해야지 사람들이 모인 자리에서 구시렁거릴 일은 아니라고 생각한다. 예를 하나 들어보자. 여기 새벽 한두 시까지 잠을 자지 않고 뛰어노는 위층 아이 때문에 골치를 썩는 스웨덴 엄마가 있다. 하루 날을 잡아서 그 집 부모에게 조용히 주의를 주는 게 한국의 상식이겠지만, 이 엄마는 그렇게 하지 않는다. 대신 매뉴얼대로 한다. 엄마는 아파트 입주자 회의에 이 문제를 상정하고, 회의 결과에 따른 대책에 따라 엄마의 입장이 결정된다. 입주자 회의의 대표는 공식적인 절차를 통해 윗집에 회의 결과를 통보하고, 그 후 추이를 지켜보는 것으로 상황은 종료된다. 무척 합리적인 접근이라는 인상을 준다. 하지만 사람이 하는 일이라 항상 완벽할 수는 없다. 만약 결과를 통보받은 뒤에도 윗집 아이가 아랑곳하지 않고 계속 뛴다면? 스웨덴 상식으로는 다시 한번 시스템을 통해 문제가 해결되기를 기다려야 한다. 엄마는 시스템을 통해 할 수 있는 최선의 조처를 했으니 그사이 발생하는 불편들은 어쩔 수 없이 감내해야 한다고 생각한다. 그것이 온전한 성인의 모습이니까 말이다. 하지만 합리적인 처사가 최선이라는 건 머리로는 이해가 되지만 새벽 두 시까지 잠을 이루지 못할 때 느끼는 울분을 이성으로 항상 달랠 수 있는 것은 아니다.

육아휴직을 마치고 직장에 복직했을 때의 일이다. 복직 첫날 동료들과의 휘까에서 이야기의 관심은 자연스레 나의 육아 경험으로 모아졌다. 이런저런 이야기를 하던 중 나도 모르게 나는 육아 중에 겪었던 고충에 관해 이야기했다. 분위기가 잠시 싸~해지는 것을 느꼈다. 잠시 침묵이 흐른 뒤, 동료 한 명이 육아로 힘들 때 상담받을 수 있는 시설을 내게 알려주었다. 역시 매뉴얼대로 해결하려는 접근이었다. 분위기를 감지한 나는 고맙다는 인사와 함께 황급히 다른 이야기로 주제를 전환했다.

한 달 뒤 해외 출장길에 올랐다. 집에 돌아오는 길에 나보다 6개월 먼저 육아휴직을 마치고 직장에 복귀한 동료와 동행하게 되었다. 우리는 꽤 긴 시간 동안 많은 이야기를 주고받았다. 두 시간 정도 지났을까. 나는 육아 중에 스트레스받았던 경험을 조심스레 꺼내 보였다. 놀랍게도 동료는 적극적으로 이야기를 받아주었다. 사실 본인도 그런 부분을 말하고 싶었는데 다들 아기가 생겨서 좋은 점들만 말하기 때문에 육아 스트레스에 대한 이야기를 한 번도 해본 적이 없다고 했다.

한국 부모들은 부실한 시스템 때문에 다 같이 고생을 해야 하지만 덕분에 동고동락할 수 있는 문화가 있다. 스웨덴 부모들은 시스템에 대한 확고한 신뢰 때문에 개개인이 가질 수 있는 불만은 으레 감당해야 할 몫으로 본다. 개인의 기호가 다를 뿐, 역시나 세상에 완벽한 것은 없다.

3. 소박함과 불편함의 차이

'스웨덴 출신의 할리우드 주부들'이라는 스웨덴의 한 TV 리얼리티쇼의 홍보 사진이다. 자신의 부를 자랑하는 출연자들의 발언은 종종 사회적 지탄의 대상이 되기도 한다.

리얼리티쇼가 인기가 많은 것은 이곳 스웨덴도 마찬가지다. 정말 말도 안 되는 몇몇 프로그램들의 엽기성은 한국 사람들의 상상을 초월할 정도인데, 점심 식사 중 동료들 사이에서 또 다른 반찬거리가 되기도 한다. 그날의 반찬거리는 '스웨덴 출신의 할리우드 주부들Svenska Hollywoodfruar' 이었다. 미국의 갑부와 결혼해 호화로운 삶을 누리는 다섯 명의 돈 많은 주부들이 등장하는 TV 프로그램이다. 이 중 한 여성의 말이 문제가 되었다. "골프를 타느니 차라리 벤츠 안에서 우는 게 낫겠다." 폭스바겐에서 제조한 골프라는 차는 가정용 저가 승용차의 대명사로 유럽 국민차로 불린다. 이 발언은 다음 날 연예뉴스의 화젯거리가 되었다. 하긴 이런 말을 쏟아내기 때문에 이 프로그램이 시즌12까지 이어지는 인기 장수 프로그램이 될 수 있었는지도 모른다. 스웨덴에서 이런 말은 TV에서 볼 수 있는 일종의 상황극이 될 수 있지만, 만약 일상생활에서 이 말을 듣게 된다면 그 당사자는 주변 사람들의 따가운 눈총을 피하기가 어려웠을 것이다.

스웨덴에서 평등이란 단어는 우리가 흔히 생각하는 의미보다는 조금 더 깊고 더 넓게 적용된다. 평등이란 모든 개개인이 남과 구별되는 독특한 존재라는 점은 인정하지만 그렇다고 해서 한 사람이 다른 사람에 비해 더 특별한 대접을 받아서도 안 되고 더 특별해지려고 노력해서도 안 된다는 것을 의미한다. 이런 문화를 수평적 개인주의라고 부르는데 이는 개개인이 노력을 통해 더 특별한 존재가 되어야 한다는 미국의 수직적 개인주의와는 반대 선상에 있다.[62] 다른 사람에 비해 특별한 대접을 받아서

---

62. Triandis HC. Individualism and collectivism: Past, present, and future. In: Matsumoto D, editor.

는 안 된다는 말은 이해가 되는데 특별해지기 위해 노력을 해서도 안 된다는 말은 좀처럼 이해가 가지 않을 것이다. 이 말인즉슨, 내가 열심히 공부하는 이유는 공부 자체가 즐겁기 때문이지 남들보다 더 좋은 성적을 얻으려고 공부를 해서는 안 된다는 것이다. 내가 회사에서 열심히 일하는 이유는 회사 일을 통해 삶의 만족을 얻고 일한 만큼의 경제적 대가를 받기 위해서지 남들보다 더 높은 자리에 오르고 더 높은 임금을 받기 위해서는 안 된다는 것이다. 예쁜 옷을 사는 것은 나 스스로 만족하기 위한 것이지 남들보다 돋보이기 위해서는 안 된다는 것이다. 스웨덴 사람들 개개인의 속내를 다 알 수는 없지만 적어도 표면적으로는 이런 식으로 행동하고 말해야 사회 상식에 부합할 수 있다. 스웨덴 시민, 즉 온전한 성인의 모습을 중요하게 여기는 사회에서 상식에 부합하지 않은 언행에 대한 주변 사람의 눈총은 우리가 상상하는 것 이상의 압박이 된다.

이런 문화 때문에 스웨덴 사람들에게는 체면치레 또는 겉치레가 없다. 남에게 본인을 과시하는 것은 단순히 미덕에 어긋나는 것이 아니라 사람들에게 지탄받아 마땅한 일이 된다. 스웨덴 사회가 내세우는 평등 이념에 정면으로 반하기 때문이다. 대신 소박하더라도 나만 만족한다면 그 누구도 손가락질할 수 없다. 한국에서는 다른 사람들의 시선 때문에 무리해서라도 일정 수준 '이상'을 소비해줘야 한다. 부담되지만 좋은 차, 명품 가방, 고가의 시계를 사줘야 마음이 놓이고 잠시나마 내가 행복할 수

The handbook of culture and psychology. New York: Oxford University Press; 2001. pp. 35–50

있다. 하지만 스웨덴에서는 반대로 다른 사람들의 시선 때문에 일정 수준 '이하'를 고민해야 한다. 혹시나 비싼 물건을 샀다가는 과시욕이 지나친 사람으로 낙인 찍힐 수 있기 때문이다. 한국에서는 '부러우면 지는 것'이지만 스웨덴에서는 '부러우면 네가 잘못된 것'이 된다.

스웨덴 사람이 아주 좋아하는 것을 딱 두 가지 꼽으라고 하면 아마 '휘까'와 '라곰'일 것이다. 라곰Lagom이란 부족하지도 과하지도 않은 적절한 상태를 말한다. 이보다 더 스웨덴 문화를 잘 설명하는 단어가 있을까 싶다. 너무 부족해서 성의가 없거나 책임을 다하지 않은 것처럼 보여서는 안 된다. 불성실한 시민으로 보일 수 있기 때문이다. 너무 과해서도 안 된다. 본인을 돋보려 하는 모습은 전체에게 불편한 인상을 줄 수 있다. 덜 하지도 더 하지도 않게 적절함을 유지하는 태도는 거의 모든 일상에서 적용된다. 육아도 마찬가지다. 우리 아이를 가장 돋보이게 하려는 것은 스웨덴에서는 옳지 않은 행동이다.

한국에서 아이가 생후 100일을 맞으면 상다리가 휘어질 정도로 많은 음식이 차려진다. 정작 아이가 먹을 수 있는 음식은 하나도 없지만 음식을 수북이 쌓아두고 그 앞에서 아이는 사진을 찍는다. 아이가 첫돌을 맞으면 규모는 곱절로 커진다. 요즘엔 돌잔치를 많이 간소화하는 추세지만 가족에 가까운 친척, 여기에 정말 친한 친구들만 불러도 손님은 수십 명에 이른다. 일반 가정이라면 이 정도 규모의 잔치를 집에서 감당할 수 없기 때문에 돌잔치 대행업체와 돌잔치 장소를 대여해 줄 호텔이나 뷔페를 찾아야 한다. 이쯤 되면 돌잔치는 돈잔치가 된다. 스웨덴 사람이 보기에는 입이 떡 벌어질 만한 규모다. 스웨덴에서도 아이의 첫 번째 생일은 부모에게 특별한 이벤트지만 직계 가족과 아주 친한 친구 정도만 초대하는 것이 보통이다. 집안에서 파티를 소화하기 어렵다면 집 근처 정원이나 공원에서 파티를 준비한다. 집에서 아이의 부모가 나름대로 준비한 특별한 음식과 직접 구운 케이크, 그리고 초대 손님들이 가지고 온 선물로 첫 생일을 축하하면 그걸로 충분하다. 우리에게는 소박해 보이지만 잔치의 규모로 행복의 크기를 재단할 수는 없다. 남들은 특별하고 성대한 잔치를 통해 얻을 수 있는 행복을 누구는 작고 소박한 잔치로 얻을 수 있다면 그것이야말로 가성비 갑, 진정한 프로 행복 사냥꾼이다.

하지만 우리 부부는 어쩔 수 없는 한국인이라서 그런지 이 소박한 문화가 때로는 불편하게 느껴질 때가 있다. 아이가 첫돌을 맞이했을 때다. 우리가 어릴 때 받았던 잔칫상과 첫돌 사진, 그리고 부모님이 들려주는 돌잡이에 관한 일화를 우리 아이는 누릴 수 없다고 생각하자 아이에게 미안한 마음이 들었다. 돌잔치는 스웨덴 사람들에게 너무 과한 것이 될까 싶어 걱정됐다. 그래도 손님 중에는 스웨덴에 살고 있는 한국인 부모들도 많았고 한국식 돌잔치니까 스웨덴 친구들도 이해해주길 바랐다. 우리는 총 50명의 손님을 초대했다. 너무 일이 커져 버린 감이 없지 않았지만 한국식 돌잔치니 어쩔 수가 없었다. 장소를 섭외해야 했는데 수소문 끝에 시에서 운영하는 아이들을 위한 파티 장소를 빌렸다. 50인분 식사를 위해 케이터링 서비스를 받을까도 생각했다. 하지만 비용도 문제고 참석한 사람들이 행여 불편해할까 싶어 결국 내가 직접 비빔밥을 준비하기로 했다. 내가 생각할 수 있는 가장 만만한 메뉴를 고른 것이다. 요새 비빔밥이 스웨덴에서 큰 인기를 얻고 있는 것도 하나의 이유였다. 전날 저녁부터 시작한 음식 준비는 새벽 세 시가 되어서야 마무리되었다. 그리고 당일 아침 일찍 돌잔치 장소에 도착했다. 한국에서 주문해 비행기를 타고 온 플래카드를 벽에 걸었다. 불어 놓은 풍선도 벽에 달았다. 장식을 함께 도와준 고마운 친구들이 있었음에도 반나절의 시간이 걸렸다. 예정대로 돌잔치는 무사히 마쳤다. 뿌듯함도 있었지만 피곤함이 더 컸었나

한국식 돌잔치는 스웨덴 기준에 비해 너무나 성대했다. 스웨덴에서 한국식을 따르자니 여러모로 불편한 점이 많았다.

보다. 뒷정리를 하면서 우리 부부는 둘째 아이 돌잔치는 소박한 스웨덴 식을 따르기로 마음을 먹었다.

남는 건 사진뿐이란 말을 나는 육아를 통해 더욱 공감하게 되었다. 이제는 네 살이 된 아이의 얼굴에서 한두 살 때의 모습은 온데간데없다. 핸드폰으로 찍은 사진들은 많지만 한국처럼 베이비 스튜디오에 찾아가 전문가가 찍어준 사진은 없다는 게 큰 아쉬움으로 남는다. 요즘은 DIY가 대세라지만 아무리 부모가 공을 들여도 예쁜 배경과 조명, 다양한 소품과 의상을 마련해 놓은 스튜디오 사진과는 비교할 수 없다. 그래서 아이가 만 2세가 조금 넘었을 때 스웨덴에서 스튜디오 사진 촬영을 하는 곳을 알아보았다. 일단 아기 촬영을 전문으로 하는 스튜디오는 기대도 하지 않았지만 역시나 존재하지 않았다. 스톡홀름에 위치한 스튜디오 촬영 장소는 많았으나 비용이 문제였다. 스웨덴의 높은 인건비를 감안하더라도 너무 비싸서 결국 가장 저렴한 곳을 선택하게 됐다. 30분 촬영에 원본 파일과 수정된 사진 몇 장을 받는데 지불한 금액은 2,500크로나(약 32만 원)였다. 앨범도 액자도 없었다. 의상과 소품은 모두 우리가 개인적으로 준비했고 선택할 수 있는 배경은 단 하나뿐이었다. 그래도 그렇게 해서 얻은 첫 스튜디오 가족사진 속에서 우리 가족은 환하게 웃고 있었다. 그걸로 만족하기로 했다.

소박해도 너무 소박한 것이 문제라면 문제일 수 있다. 우리에겐 특별할 것 없이 아이를 위해 해줄 수 있는 것들을 스웨덴에선 찾아볼 수 없는 경우가 있다. 아이를 위한 장난감, 옷, 액세서리 등 한국에서 볼 수 있는 육아용품의 종류와 수는 스웨덴과는 비교가 안 될 정도로 많다. 한국에서 아이를 키운다면 더 예쁘게 꾸며줄 수 있는데 그러지 못해 아쉬운 점이 있다. 결국엔 다 부모의 욕심이겠지만 그 욕심을 채워 우리가 행복을 느끼는 게 반드시 나쁜 일인가라는 의문도 남는다.

4. 아날로그 유치원

첫째 아이가 한국에서 1년간 유치원에 다니는 동안 이전에는 미처 생각지 못했던 스웨덴 유치원의 불편함을 하나둘씩 인식하게 됐다. 한국의 유치원은 학부모들을 고객 모시듯 한다. 선생님들은 언제나 상냥하고 친절하다. 유치원 측에서 제공하는 편의들은 스웨덴과는 비교할 수 없을만큼 편리하다. 일반 놀이, 체육 과정, 영어 놀이, 탐구 놀이, 견학 일정 등 하루 일과가 한 시간 단위로 짜이고 이는 학부모와 공유된다. 또한 박물관 견학, 숲 체험, 소풍, 전통문화 체험, 체육대회 등 다양한 행사를 주간 단위로 꼼꼼하게 계획해 둔다. 부모를 위한 외부인사 특강도 종종 마련되고, 가족사진 촬영, 가족 바자회, 일일 급식체험 등 학부모가 아이와 함께 참여할 수 있는 행사도 알차게 준비되어 있다. 학부모들의 눈높이가 높아서일 수도 있고 다른 유치원들과의 경쟁에서 살아남기 위해서 그럴 수도 있다. 이유야 어찌 됐든 아이가 다양한 활동을 체계적으로 경험할 수 있다면 부모 입장에서는 나쁠 것이 없다.

한국 유치원에서 가장 편리하다고 느꼈던 점은 키즈노트였다. 키즈노트는 유치원에서 알리는 공지사항, 사진 앨범, 일정, 식단표를 학부모가 쉽게 볼 수 있는 핸드폰 어플이다. 학부모는 공지사항을 원할 때 꼼꼼히 확인할 수 있다. 갑자기 변경된 일정도 쉽게 알 수 있다. 알림장을 통해 학부모는 아이의 특이사항을 유치원에 쉽게 알릴 수 있다. 아이가 하루 동안 놀았던 모습을 담은 사진들, 아이들의 식단, 하루 일과가 매일같이 업데이트된다. 키즈노트 없이 스웨덴에서 지난 2년을 보냈던 우리에게 한국 유치원은 신세계였다.

우리 아이가 다녔던 스웨덴 유치원에서는 이 모든 것들을 아날로그 방식으로 처리한다. 유치원 실내 한쪽에 마련된 게시판을 통해 부모는 공지사항을 일일이 기억해야 한다. 기억할 자신이 없다면 사진을 찍어 둔다. 혹시라도 변동사항이 있는지 수시로 게시판을 확인해야 한다. 아이에게 특이사항이 생긴 경우 전화로 유치원 선생님께 소식을 알려야 하는데 아이들을 돌보는 게 바빠서인지 아무도 전화를 받지 않을 때도 종종 있었다.

한번은 학부모 회의에서 아이의 유치원 생활이 궁금하니 핸드폰으로 사진을 찍어서 부모의 핸드폰으로 사진을 전송해달라는 건의가 나왔다. 학부모들은 대부분 좋은 의견이라고 생각했고 유치원 선생님도 이에 동의했다. 그로부터 며칠 뒤 아이의 사진이 핸드폰으로 전송되었다. 처음 받아본 아이의 사진에 기분이 좋았다. 하지만 선생님 입장에서는 이렇게 개별적으로 학부모에게 사진을 전송하는 일이 여간 번거롭지 않을 것이다. 이후 한 장의 사진을 더 받은 것을 끝으로 이 건의는 흐지부지 없어졌다. 선생님들의 높은 연령도 아날로그 방식을 고수하는 데 한몫을 차지한다. 나이가 60세 이상인 선생님이 두 반에 한 명꼴로 있었다. 그분들로서는 새로운 프로그램을 배우고 익숙해지는 일이 무리일 수도 있겠지만 한편으로는 일단 배우면 너무 편한 걸 왜 못할까 하는 생각이 드는 건 어쩔 수가 없다.

우리 아이가 다녔던 한국 유치원에서는 추가 비용을 내면 전문 사진작가가 유치원에 찾아와 사진 촬영을 하고 1년 후에 그 사진들을 모아 앨범으로 만들어 준다. 스웨덴 유치원에서는 기대할 수 없는 일이다. 우리 아이가 스웨덴 유치원에서 승반을 할 때의 일이다. 유치원 측에서는 그동안의 교육 내용과 아이의 발달 과정을 담은 앨범을 만들어 준다고 했다. 이 앨범에는 그동안 틈틈이 찍어둔 아이의 사진도 함께 포함될 거라고 했다. 스웨덴 유치원에 너무 큰 기대를 하지 말았어야 했건만 우리가 기대를 저버리지 못한 게 화근이었다. 드디어 받게 된 앨범 안에는 아이가 그린 그림들과 아이가 만든 장난감들이 있었다. 유치원에서 물감 놀이를 하는 모습, 동네 슈퍼에 가서 재활용 쓰레기를 처리하는 모습, 소풍 갔을 때 모습, 함께 둘러앉아 노래를 부르는 모습, 선생님들이 아이들이 좋아하는 캐릭터로 분장해 아이들과 노는 모습 등이 담긴 사진들이 있었다. 구형 디지털카메라로 찍은 사진 파일을 워드 프로그램에 붙여넣기를 하고 그 밑에 설명을 달아 A4 용지에 출력해서 만든 것이다. 당연히 화질이 좋을 리 없다. 총 15장 남짓 되는 사진들이 있었는데 유치원에 처음 다니기 시작했을 때는 비교적 많던 사진들이 뒤로 갈수록 줄어들었다. 이건 좀 심하다 싶었다. 한국 업체에 문의해서 앨범을 새로 만들어야겠다고 생각했다. 나는 선생님에게 사진이 흐려서 잘 보이지 않으니 파일을 직접 주면 안 되겠냐고 물었다. 그 많은 사진 중에 우리 아이가 나온 사진을 일일이 골라줄 수는 없다고 했다. 그럼 파일이 담겨있는 폴더를 온라인상에 공유하면 안되겠냐고 물었다. 다른 부모들의 동의를 구해야 한다고 했다. 틀린 말은 아니었지만 고구마를 먹다가 체한 기분이 들었다.

이 밖에도 한국 유치원에는 있지만 스웨덴 유치원에는 없는 것들이 많다. 스웨덴에는 작지만 다수의 유치원들이 넓게 퍼져있어서 걸어갈 수 있는 유치원을 쉽게 찾을 수 있다. 따라서 통학버스를 따로 운영하지 않는다. 하지만 아이가 다닐 유치원 자리가 항상 보장되는 것은 아니다. 학부모는 최대 3지망까지 유치원을 골라서 지원할 수 있는데, 만약 세 군데 자리가 모두 꽉 찼다면 선택은 두 가지뿐이다. 자리가 날 때까지 아이를 유치원에 보내지 않거나 아이를 대기에 올려놓고 자리가 비어있는 다른 유치원으로 보내는 것이다. 다른 유치원에 보내기로 한 경우 집에서 꽤 먼 거리에 위치한 유치원으로 배정될 수도 있다. 이때 통학버스가 없는 것이 이른 시간에 사무실을 나와 아이를 데리러 가야 하는 부모에게는 크게 아쉽다. 화려하고 멋진 시설을 갖춘 유치원을 보기도 힘들다. 지역마다 차이가 있겠지만 우리 동네 유치원들은 대부분 컨테이너 박스 형태의 가건물이다. 그 주변을 잔디밭으로 둘러싸고 한 곳에 놀이터와 모래 상자를 가져다 놓는다. 그런 다음 주변을 철조망으로 두른 게 대부분의 유치원 시설이다. 화려하고 다양한 시설을 갖춘 한국의 유치원에 비하면 스웨덴 유치원의 이런 소박한 시설은 못내 아쉽다.

　　스웨덴 유치원이 한국 유치원에 비해 상대적으로 열악한 시설을 가진 것은 결국 구조와 비용의 문제다. 스웨덴 유치원은 설립 주체를 따져보면 국립과 사립으로 나눌 수 있지만 학부모에게 체감되는 차이는 없다. 실제로는 모두 한국의 국공립 유치원처럼 운영된다. 학부모가 지불하는 유치

다양한 시설을 갖춘 한국의 유치원에 비하면 스웨덴 유치원의 소박한 시설은 못내 아쉽다.

원 비용이 있지만 이는 유치원이 아니라 지방정부에 납부한다. 따라서 개별 유치원은 투자를 통해 시설을 개선하고 더 많은 원생을 모집해서 수입을 늘리려는 동기가 없다. 대신 항상 부족하다고 느끼는 예산을 어떻게 하면 더 아껴 쓸까를 고민하게 된다. 지방정부로부터 추가적인 지원이 필요한 유치원은 가장 좋은 유치원이 아니라 객관적으로 가장 열악하다고 평가되는 유치원이다. 따라서 구조적으로 스웨덴 유치원들의 시설은 하향 평준화될 위험이 있다. 이럴 거라면 세금을 더 많이 걷어서 (이미 세금을 많이 걷고 있지만) 시설을 개선하고 필요한 만큼의 인력을 충원했으면 하는 것이 개인적인 바람이다. 하지만 설령 세금을 더 걷는다고 해도 어쨌든 지방정부의 권고 사항을 따라야 하고, 남보다 뛰어난 것을 바르지 못한 것으로 여기는 사회 분위기 속에서 앞으로 얼마나 개선될 수 있을지는 여전히 의문이다.

8장

스웨덴 아빠가 육아하는 진짜 이유

육아 천국으로 가는 길

사람은 책을 만들고 책은 사람을 만든다고 한다. 마치 책과 사람의 관계처럼 스웨덴의 육아 환경이 발달해 온 모습은 사람들의 생각과 그들이 만든 환경이 상호 영향을 주는 일련의 과정이었다.

스웨덴은 남녀 모두가 일과 생활이 균형을 이룬 삶을 사는 나라로 알려져 있다.[63] 이는 스웨덴 정부가 법과 제도를 통해 남녀가 균등하게 가사를 분담하고 공평하게 경제활동에 참여할 수 있는 환경을 마련하고 있기 때문이다. 법과 제도만을 놓고 보면 스웨덴 아빠들은 서구권 다른 어떤 나라의 아빠들보다 가부장적인 아빠의 모습을 벗어날 수 있는 가장 좋은 조건을 갖추고 있다고 한다. 하지만 오늘날 육아 선진국으로서의 스웨덴의 모습은 하루아침에 이루어지지 않았다.

스웨덴은 1974년 세계 최초로 엄마와 마찬가지로 아빠도 집에서 아이를 돌볼 수 있도록 육아휴직제도를 도입하게 된다. 하지만 예상과 달리 육아휴직제도를 사용하는 남성의 수는 많지 않았다. 남성 유급 육아휴직 사용자 비율이 10%를 넘기는데 무려 20년 가까운 시간이 걸렸다.

1. 시대적 요구가 된 아빠 육아

스웨덴이 육아 선진국이 될 수 있던 밑거름은 바로 평등에 대한 사회적 공감대였다. 평등의 개념이 사회적 토론 대상이 되었던 때는 복지국가

---

63. Allard K. Toward a working life. Solving the work-family dilemma. Dissertation at Department of Psychology. Gothenburg, Sweden: 2007

BARNLEDIG PAPPA!

1974년, 스웨덴은 세계 최초로 아빠육아휴직제도를 도입했다. 당시에는 생소했던 이 제도를 홍보하기 위해 정부는 역도 스타였던 레나드 달그렌Lennart Dahlgren을 홍보모델로 등장시켜 새로운 아빠의 모습을 제시했다.

의 기틀을 다지던 1930년대로 거슬러 올라간다.[64] 사회 계급 간의 평등에서 시작된 사회적 논의는 가족 구성원 간의 평등을 논하기에 이른다. 사람들은 남편과 아내 사이의 평등, 부모와 자녀 사이의 평등, 그리고 자녀와 자녀 사이의 평등을 이야기했다.[65] 그리고 1970년대에 들어서 여성의 역할은 이 논의의 중심에 서게 된다.

가정 내에서 부부 사이의 평등한 관계는 엄마와 아빠 모두가 경제활동을 통해 가계 소득에 기여할 때만 성립될 수 있었다. 하지만 그때까지만 해도 아이를 돌보는 아빠는 매우 드물었다. 육아에 참여하는 아빠는 단 1%에 불과했고, 아이와 놀이에 참여하는 아빠는 14%뿐이었다.[66] 아빠가 육아휴직을 내고 집에서 아이를 돌본다는 것은 전통적인 가정이 완전히 해체된다는 것을 의미했다. 엄마 또는 아빠 어느 한쪽의 노력만으로는 해결될 수 없었다. 엄마로서의 여성이 남성과 차별 없이 일할 수 있는 기회를 가지고 가정 내에서 엄마와 아빠가 공평히 가사를 분담하는 것은 엄마 개인으로서도 의의가 있지만 스웨덴이 평등한 사회로 나아가는 중요한 이정표로 여겨졌다.

여성의 경제활동 참여는 경제계의 요구이기도 했다. 스웨덴은 1960

64. Ehn B, Frykman J, Löfgren O. Försvenskningen av Sverige. Stockholm: Natur och kultur; 1995

65. Harkness S, Super CM, Axia V, Eliasz A, Palacios J, Welles-Nyström B. Cultural pathways to successful parenting. International Society for the Study of Behavioral Development Newsletter. 2001;1(38):9–13

66. Anders Chronholm, Fathers' Experience of Shared Parental Leave in Sweden, 38-2 | 2007 : Articuler vie familiale et vie professionnelle : une entrée par les pères

대 이후 이어지는 경기 호황으로 인해 노동력이 부족했다. 또한 큰 정부를 지향하던 이 시기에 정부는 공공부문의 일자리를 크게 늘린다. 새로운 취업의 기회가 여성들에게 획기적으로 늘어나던 시기다. 출산 이후 여성 노동자가 노동시장에서 탈락되는 일을 방지하기 위해 일과 양육을 병행할 수 있는 사회 시스템이 필요했다.[67] 현재 스웨덴에서 공공부문의 지출은 GDP의 55%에 달하고 공공부문이 만들고 있는 일자리의 규모는 전체의 35%를 차지한다.[68] 지금도 여성 노동자의 3분의 2가 공공부문에서 일하고 있는 것은 바로 이 시기 정부 정책의 결과물이다.(대개 민간부문 노동자의 소득이 공공부문 노동자의 소득보다 높기 때문에 이후 남녀 간 소득 격차의 원인이 되기도 한다.) 정부는 유치원과 같은 공공 보육시설을 확충했지만 이것만으로는 부족했다. 이전에는 세금을 각 가정에 징수하던 것을 남편과 아내에게 개별적으로 징수하게 되었다. 비로소 여성이 독립적인 경제 주체로 인정받게 되었다. 여성의 동등한 사회적 권리를 이해하고 지지하는 남성들도 점차 늘어났다. 또한 일과 생활의 균형을 중시하고 아빠와 자녀 간의 관계를 개선해야 한다는 목소리도 커졌다.

애초 여성 인권운동의 일환으로 출발했던 아빠육아휴직은 스웨덴 경제계의 요구와 새로운 가정의 모습을 바라는 시대적 요구를 한번에 해결할 수 있는 현실적이고 효과적인 해결책으로 떠올랐다.

67. Bygren M, Duvander AZ, Parents' Workplace Situation and Fathers' Parental Leave Use, Journal of Marriage and Family 68(May 2006): 363–372

68. Statistics Sweden(2004). Sysselsättning och arbetslöshet 1975-2003[Employment and unemployment 1975-2003]. Örebro, Sweden

2. 부진한 아빠 육아 참여율

앞서 말했든 스웨덴 정부는 1974년 세계 최초로 아빠육아휴직제도를 도입했지만 첫 10년 동안 단 5%의 아빠만이 육아휴직제도를 사용했고 10%를 넘기는 데는 무려 20년의 세월이 걸렸다.

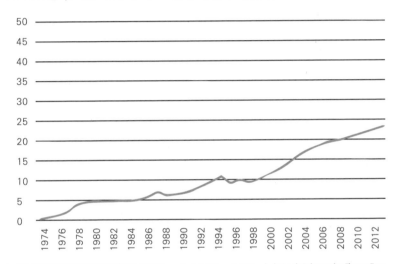

▶ 아빠 유급 육아휴직 비율의 연대별 추이. 출처: Duvander A.Z. & Ferrarini T. Sweden's Family Policy under Change: Past, Present, Future, 2013

하지만 스웨덴 정부의 고집도 만만치 않았다. 도입 초기에 나타난 저조한 참여에도 불구하고 오히려 아빠육아휴직 기회를 더욱 확대하기로 한 것이다. 새로운 시대적 요구와 정책 방향성에 대한 정부의 확신을 보여주는 대목이다. 이전까지는 엄마와 아빠가 육아휴직일을 나누어 쓰는

데 어떠한 제약도 따르지 않았다. 이에 절반에 가까운 아빠들은 단 하루도 육아휴직을 사용하지 않고 대신 엄마가 육아휴직을 사용하도록 했다. 1995년, 정부는 이런 아빠들을 겨냥해 엄마는 사용할 수 없고 오로지 아빠만 사용할 수 있는 육아휴직일, 즉 '아빠의 달' 제도를 도입한다. 효과는 분명했다. 시행 바로 다음 해부터 77%의 아빠들이 아이가 4세가 되기 전에 한 달 이상의 육아휴직을 사용했다.[69] '아빠의 달'은 최초 30일이었던 것이, 2002년에 60일, 2017년에 90일로 꾸준히 늘었다.

정부의 고집도 대단하지만 이 변화를 지켜보던 스웨덴 사람들의 참을성도 주목할 만하다. 처음 아빠육아휴직제도가 도입된 1974년에 스웨덴 1인당 국민소득은 세계에서 다섯 번째로 높았다. 스웨덴 경제의 활황은 1970~80년대에도 이어진다. 하지만 1990년대에 접어들어 경제위기를 맞는다.[70] 가장 상징적인 해인 1993년, 1인당 국민소득은 24,081달러로 전년 대비 8,000달러 이상 떨어졌다. 이후 오르내림을 거듭하다가 안정적인 오름세로 돌아서는 데 10년 이상의 시간이 걸린다.[71] 재미난 것은, 이 '아빠의 달' 제도가 도입된 것이 스웨덴 경기가 바닥을 치고 있던 1995년이었다는 사실이다. 경기가 내내 어렵던 90년대를 관통해 정부는 아빠육아휴직제도를 꾸준히 확대하였다는 사실에 나는 놀라지 않을 수 없었다.

---

69. RFV, 2000, Båda blir bäst-Attityden till delad föräldraledighet. Redovisar 2000 :1, Riksförsäkringsverket(The National Insurance Board, Sweden)

70. Heyman F, Norbäck P.J, Lars P. The Turnaround of the Swedish Economy: Lessons from Large Business Sector Reforms, FN Policy Paper No. 73, 2015

71. THE WORLD BANK, DataBank, GDP per capita current US$), https://data.worldbank.org

만약 한국이라면 어땠을까? 전경련을 비롯, 이들과 친하다는 온갖 경제연구소는 경제 붕괴의 원인을 정부의 이런 '퍼주기식' 복지정책으로 지목하고, 유력 신문사들과 경제지들은 이를 일제히 퍼나르며 정부의 정책을 '포퓰리즘'이라고 비난하는 모습이 어렵지 않게 그려진다. 정부가 노동환경을 개선하려거나 복지를 확대하려는 방향으로 새로운 정책을 발표하면 일각에서는 기다렸다는 듯 대한민국의 경제위기 상황을 들먹이면서, 우리가 지금 이렇게 한가롭게 삶의 질을 운운할 때가 아니라 더욱 허리띠를 졸라매야 할 때라고 주장하는 모습을 우리는 숱하게 경험해 왔다. 이런 우리에게 스웨덴 정부와 과감한 결단과 이를 납득하고 끝내 관철시키는 스웨덴 사람들의 저력은 그저 놀랍고 부러울 따름이다.

3. 기존 사회질서의 저항

아빠들의 육아휴직 참여가 저조하자 사회적 비난은 아빠들에게로 쏠렸다. 아빠들은 정부의 새로운 정책에 성실히 응하지도 않고 가정적인 아빠가 될 수 있는 기회를 저버리고 있다고 비판받았다.[72] 하지만 지난 몇백 년 동안 굳어진 가족 내 아빠의 역할을 하루아침에 바꿀 수 없었던 것은 어쩌면 지극히 당연한 결과였는지도 모른다. 기존 사회질서의 반격이었다. 이 시기에 아빠가 엄마처럼 산다는 말은 부정적인 말로 쓰였다. 많

---

72. Anders Chronholm, Fathers' Experience of Shared Parental Leave in Sweden, 38-2 | 2007 : Articuler vie familiale et vie professionnelle : une entrée par les pères

은 아빠들은 본인을 주 양육자로 생각하지도 않았다. 육아휴직을 결심한 아빠들도 육아에 대한 두려움이 컸다. 엄마에게 육아휴직은 선택이 아닌 출산에 따른 자연스런 결과였다. 하지만 아빠에게는 그렇지 않았다. 아빠들에게 육아란 자연적 필연이 아닌 문화적 학습의 결과였기 때문이다.[73] 한 여성이 엄마가 되면 무의식적으로 어린 시절 자신의 어머니의 모습을 통해 양육자의 역할을 이해한다. 하지만 남성의 경우 어린 시절 아버지의 모습을 통해서는 양육자의 역할을 이해할 수가 없었다.[74] 스웨덴에서도 전통적인 아버지의 상은 한국과 큰 차이가 없었기 때문이다.

저조한 아빠육아휴직 참여율은 오로지 아빠들의 잘못만도 아니었다. 걱정되는 건 엄마들도 마찬가지였다. 어떤 엄마는 아빠가 엄마만큼 아이를 잘 돌보지 못할 거라고 걱정했고,[75] 어떤 엄마는 아이와 좀 더 많은 시간을 보내지 못하는 것이 걱정이었다.[76] 당시만 해도 여성이 남성보다 육아휴직을 더 많이 사용하는 사실이 문제라고 생각하는 여성들의 수는 남성보다 적게 나타났다.[77]

73. Kugelberg C., 1999, Perceiving Motherhood and Fatherhood. Swedish Working Parents with Young Children, Uppsala, Uppsala universitet/AUU

74. Anders Chronholm, Fathers' Experience of Shared Parental Leave in Sweden, 38-2 | 2007 : Articuler vie familiale et vie professionnelle : une entrée par les pères

75. Hwang P., 1985, "Varför är pappor så lite engagerade i hem och barn?"("Why Are Fathers so Little Engaged in Home and Children?"), in Hwang P., Ed., Faderskap(Fatherhood), Stockholm, Natur&Kultur, pp.39-53

76. Haas L., 1992, Equal Parenthood and Social Policy. A Study of Parental Leave in Sweden, New-York, State University of New York Press

77. RFV, 2003, Mamma, pappa, barn–tid och pengar. Socialförsäkringsboken 2003, Riksförsäkringsverket(The National Insurance Board, Sweden)

이렇듯 아빠육아휴직을 도입하고 난 뒤에야 알 수 있던 문제들을 스웨덴 사회는 하나둘씩 학습하기 시작한다. 아이와 가까워지고 싶은 마음이 크고 아내의 사회적 참여를 공감하는 아빠는 두려움을 극복하고 육아에 참여할 수 있음을 배웠다. 또한 아이가 생기기 전에 미리 가정의 모습을 그려보고 엄마 아빠의 역할을 아내와 고민하는 아빠들은 결국 육아에 참여하는 경우가 많다는 것을 배웠다. 그렇게 아빠들은 서서히 변해갔다.

아빠의 의도와 상관없이 엄마가 집에 있는 동안 아빠는 아이와 교감할 수 있는 기회가 상대적으로 적었다. 엄마가 아이와 더 깊은 교감을 원했을 수도 있고 또는 아이가 엄마만을 원했을 수도 있다. 하지만 엄마가 집 밖으로 나가면서 아빠는 좋든 싫든 아이와의 교감을 독점하게 됐다. 아빠는 육아를 통해 아이와 친밀한 관계를 맺으면 그만큼의 책임도 뒤따른다는 사실도 이해했다. 주 양육자가 본인이 아닌 엄마라고 생각하는 아빠가 느끼는 책임감의 무게는 엄마가 느끼는 책임감의 무게와 다르다. '네가 길들인 것에 넌 언제나 책임이 있다'는 소설 『어린 왕자』 속의 여우의 말처럼 친밀함과 책임은 서로 분리되지 않는다. 아빠는 육아휴직을 통해 자신도 아이의 주 양육자임을 인식하게 되었다.[78]

1970년대 중반 아빠육아휴직을 처음 도입한 스웨덴은 집에서 육아하는 아빠를 두었던 소년이 자라나 이제 그 소년이 아빠가 된 이른바 '아빠육아휴직 2세대'를 볼 수 있다. 연구에 따르면 이들 아빠육아휴직 2세대

---

78. Anders Chronholm, Fathers' Experience of Shared Parental Leave in Sweden, 38-2 | 2007 : Articuler vie familiale et vie professionnelle : une entrée par les pères

는 아빠의 육아 참여를 보다 자연스러운 일로 받아들이고 가족 내 평등
에 대해 좀 더 긍정적인 태도를 보이는 것으로 나타났다.[79] 남녀 간의 성
역할에 얽매이지 않는 태도는 자녀의 육아에도 영향을 끼쳤다. 육아하는
아빠들은 남자아이에게 남성의 역할을, 여자아이에게 여성의 역할을 강
요하지 않으려 노력하는 경향을 보였다. 예를 들어 아이들에게 성별에 맞
추어 장난감을 골라 주는 것이 아니라 아이들이 성별과 관계없이 스스로
장난감을 고를 수 있게 했다.

1979년, 스웨덴은 세계 최초로 물리적 체벌을 포함한 아이에게 가해
지는 일체의 모욕 행위를 법적으로 금지하는 조치를 취한다. 이 법을 스
웨덴에서는 '아가Aga법'이라고 부른다. 아가법을 통해 정부는 부모에게 합
리적인 양육에 대한 지침을 제공하고 이를 적극적으로 홍보했다. 이 법에
따르면 부모는 아이를 훈육하기 위해 어떠한 물리적인 힘을 사용해서는
안 되며 오로지 협상과 회유를 통한 훈육만이 가능했다.[80] 다른 나라 부
모와 비교했을 때 스웨덴 부모가 양육에 있어서 유달리 아동의 권리를
강조하는 태도는 바로 이런 문화적 배경에서 비롯된다. 아가법이 통과되
고 정착했던 시기와 아빠육아휴직이 도입되고 정착했던 시기가 겹쳐지
는 것은 결코 우연이 아니다. 인권의식이 개선되어 그동안 사회적 약자였

79. Kearney J., Mansson S.-A., Plantin L., Pringle K., Quaid S., 2000, Fatherhood and Masculinities : A
Comparative Study of the Ideals and Realities of Fatherhood and Masculinity in Britain and Sweden,
Sunderland, Sunderland University, Centre for Social Research and Practice
80. Durrant JE. Legal reform and attitudes toward physical punishment in Sweden. The International
Journal of Children's Rights. 2003;11:147–173

던 여성과 아동을 보호하기 위한 정책이 현실화되었던 시기가 바로 스웨덴의 1970~80년대였다. 이런 사회적 흐름 속에 방관자에 머물지 않고 아빠·육아휴직을 썼던 남성들은 여성과 아동에 대한 새로운 인식을 사회에 뿌리 깊게 내리게 했던 새 시대의 첨병 역할을 맡았던 것이다.

4. 기존 사내문화의 저항

스웨덴의 모든 국민은 '육아휴직법Föräldraledighetslagen'에 따라 육아휴직을 사용할 권리를 가지고 이를 적용함에 있어 차별되지 않을 법적 보호를 받는다. 만약 육아휴직을 이유로 급여, 승진, 해고와 같은 부당한 대우를 받을 경우 회사측은 이를 해명하고 이에 상응하는 조치를 취해야 할 의무가 있다.[81] 나처럼 다른 나라에서 온 사람은 육아휴직에 대한 이야기를 사측에 꺼낼 때 망설이기도 하지만 사실은 전혀 그럴 필요가 없다. 육아휴직 시작 두 달 전에만 알려준다면 회사는 이를 거부할 수 없다.

물론 사내에 이런 문화가 갑자기 생겨나지는 않았다. 1990년대까지만 하더라도 아빠·육아휴직에 대해 많은 회사들이 보수적인 입장을 취했다. 당시 스웨덴에 큰 사업장 규모를 가진 200여 곳의 회사를 대상으로 한 조사에 따르면, 3분의 2에 해당하는 회사들이 아빠·육아휴직을 부정적으로 보지는 않아도 이를 지원하기보다는 협상을 통해 육아휴직 조건을 조정

---

81. Swdish Work Environment Authority, Discrimination, parental leave and right of association, 2018-05-09, www.av.se

해보려는 입장이었다. 3분의 1은 남성보다는 여성이 자녀를 돌보아야 한다는 입장이었다. 오직 3%만이 적극적으로 남성의 육아휴직을 지지했다.[82]

육아휴직으로 발생하는 손해가 남성 직원인 경우 여성 직원보다 더 큰 것은 아니었다. 하지만 여성 직원은 출산 이후 바로 육아휴직에 들어가기 때문에 여성 직원이 결정해야 할 것은 육아휴직 기간뿐인 것에 반해, 남성 직원은 육아휴직 기간과 육아휴직의 시기를 함께 결정해야 했고, 또한 집에 이미 육아휴직을 사용 중인 아내가 있었다. 따라서 사측으로서는 남성이 육아휴직이 좀 더 협상 가능한 대상이었고, 아빠육아휴직이 정착하는 데 오랜 시간이 걸린 이유 중 하나가 되었다.

한 직원이 육아휴직을 사용함으로써 생길 수 있는 생산성 저하와 동료들의 업무가 과중되는 문제 그리고 대체인력 고용에 따른 비용은 분명 회사 입장에서 반길 일은 아니었다. 하지만 이런 어려움에도 불구하고 아빠육아휴직은 직장 내에 서서히 자리를 잡아갔다. 지난 반세기 동안 여성인권 확대 그리고 일과 생활의 균형을 바랐던 사회의 요구를 스웨덴 정부는 흔들림이 없이 정책으로 반영했다. 자의든 타의든 스웨덴 경제계는 시대적 변화의 요구를 인정하고 그에 걸맞은 기업 문화를 지난 반세기 동안 체득한 것으로 보인다.

---

82. Haas L., Hwang P., 2000, "Programs and Policies Promoting Women's Economic Equality and Men's Sharing of Child Care in Sweden, inHaas L., Hwang P., Russell G., Organizational Change & Gender Equality. International Perspectives on Fathers and Mothers at the Workplace, Sage, London, pp.133-161

5. 아빠 육아가 이끄는 스웨덴 경제

미국 경제지 「포브스Forbes」가 발표하는 '2017년 기업하기 좋은 나라' 순위에서 스웨덴은 당당히 1위를 차지했다.[83] 고개를 갸우뚱하게 만드는 결과다. 스웨덴에서는 직원이 육아휴직을 위해 1~2년 회사를 떠나 있어도 회사는 이를 막을 방법이 없다. 감기가 흔한 겨울철이면 집에서 아픈 아이를 돌봐야 한다는 이유로 툭하면 결근하기 일쑤다. 인건비가 비싼 나라이기 때문에 기본 인건비 지출이 이미 상당한 데다 회사가 직원을 위해 지불해야 하는 사회보장 지원비, 각종 수당, 여기에 사원복지 차원으로 인한 추가적인 지출을 다 합치면 거의 기본 인건비만큼의 비용이 더 들어간다. 이런 나라가 세계에서 가장 기업하기 좋은 나라라니!

세계경제포럼은 그 이유를 이렇게 분석했다.[84] 첫째, 스웨덴 기업들은 정부가 세금으로 마련해 놓은 사회적 물리적 기반을 통해 큰 혜택을 입는다. 특히 혁신 첨단산업의 경우가 그러한데, 스포티파이Spotify, 마인크래프트Minecraft, 캔디크러쉬사가Candy Crush Saga, 스카이프Skype와 같이 세계적으로 성장한 스웨덴의 인터넷 벤처기업들은 정부가 구축해 놓은 빠른 인터넷 환경에서 빠른 성장을 꾀할 수 있었다.(참고로 스웨덴은 한국과 노르웨이의 뒤를 이어 세계에서 인터넷 속도가 가장 빠른 나라다.) 둘째, 1980년대 스웨덴에 닥친 경제위기를 극복하기 위해 90년대에 진행된

---

83. World Economic Forum, Why Sweden beats other countries at just about everything, 2017-01-20
84. World Economic Forum, Why does Sweden produce so many startups?, 2017-10-12

대대적인 경제 개혁이 있었다. 그 결과 많은 공기업이 민영화되었고 법인 세율도 52%에서 오늘날 22%로 낮춰졌다. 셋째, 스웨덴 사회만의 특별한 장점인 신뢰 문화가 직장 내에서도 강하게 작용한다. 사원과 회사 간에 신뢰가 두터울수록 사원은 혁신적인 성과를 이뤄낼 가능성이 커진다. 회사는 육아휴직제도를 관대하게 용인하고 사원은 경력 단절의 우려 없이 육아휴직을 사용할 수 있는 환경에서 서로 간에 강한 신뢰감을 구축할 수 있다. 이러한 장점들로 인해 스웨덴은 유럽에서 첨단산업 기업이 가장 많은 나라가 되었고, 이들 기업이 가지고 있는 총 가치는 실리콘밸리 다

음으로 세계에서 높다. 넷째, 스웨덴 사회가 가지고 있는 개방적이고 공정한 문화는 국가 경쟁력을 높이는 기반이 되고 있다.[85] 스웨덴은 성평등 지수가 세계에서 네 번째로 높은 나라다. 여성들이 과거와는 달리 장관, 정치인, 기업 간부, 성공한 사업가 등 사회의 요직 곳곳에 진출해 있다. 사회 인식의 변화와 남녀 육아휴직제도의 정착 없이는 불가능한 성과였다. 스웨덴은 또한 세계에서 가장 명망 높은 나라로 꼽힌다.[86] 환경 문제, 이민자 문제, 성 소수자 문제에 있어 가장 포용적이고 선도적인 태도로 쌓은 명성이 국가 브랜드의 가치를 더욱 높인다.

또한 복지는 경제적 약자들을 위해 퍼주는 비용이 아니라 경제 발전을 위한 투자라는 사실을 스웨덴은 입증해 보이고 있다. 퍼주기식 복지정책으로 어떻게 나라 경제를 유지할 수 있겠냐고 말하는 사람들을 우리는 주변에서 어렵지 않게 볼 수 있다. 이들에게 꼭 전하고 싶은 메시지가 있다. 한국은 조그만 땅덩어리에 인구는 많고 자원은 없는 나라라고 한다. 하지만 한국은 결코 조그만 나라가 아니다. 한국은 국민총생산 세계 12위의 경제대국이고 남북한 면적을 합치면 한때 전 세계를 호령했던 영국과 크기가 비슷하다. 사실 스웨덴도 좋은 조건을 두루 갖춘 나라는 아니다. 노르웨이처럼 천연자원이 풍부한 것도 아니고 유럽의 경제 강국들처럼 인구수가 많아 탄탄한 내수 시장을 확보한 것도 아니다. 오히려 국가 경쟁력을 갖추기 위해 세계 무대로 뛰어들었어야 했던 점은 한국과 크게

---

85. World Economic Forum, Why Sweden beats other countries at just about everything, 2017-01-20
86. Stockholm University, Sweden tops World's Most Reputable Countries 2018, 2018-07-02

다를 바 없었다. 그럼에도 스웨덴은 국가 경제력 순위에서 항상 상위에 오르는 나라이다. 세계경제포럼(다보스 포럼)이 최근에 발표한 자료에 따르면 스웨덴은 세계 7위로 북유럽 국가 중 유일하게 한 자릿수 순위를 기록했다.[87] 이 보고서는 남녀에게 공평하게 일할 수 있는 기회가 주어지는 점, 그리고 일과 생활이 균형을 이룬 사회기반 덕분에 안정적이고 지속적으로 혁신과 성장을 꾀할 수 있는 점을 스웨덴 국가 경쟁력의 원동력으로 꼽고 있다. 아빠의 육아 참여가 스웨덴 경제에 미치는 긍정적 영향을 다시 한번 입증하고 있는 셈이다.

6. 아직 끝나지 않은 개혁

스웨덴이 육아 문화에 있어서 우리보다 한참 앞서 출발한 것은 사실이지만 그렇다고 해서 종착점에 먼저 도착한 것은 아니다. 아이가 태어난 직후 엄마 아빠 모두에게 반강제적으로 주어지는 2주간의 육아휴직, 그리고 오직 아빠만 쓸 수 있는 '아빠의 달'이 90일로 늘어난 뒤로는 스웨덴의 거의 모든 아빠들이 육아휴직을 경험하고 있다. 하지만 2018년 통계에 따르면[88] 유급 육아휴직을 신청할 수 있는 총 480일 중에 아빠가 사용하는 날은 평균 138일(28%)로, 아빠육아휴직을 시작한 이래 가장 높

87. World Economic Forum, The Global Competitiveness Report 2017–2018, ISBN-13: 978-1-944835-11-8

88. Försäkringskassan(Swedish Social Insurance Agency), Social Insurance in Figures 2018

게 나타났지만 절반인 240일이 되기엔 아직 갈 길이 멀다.

언뜻 생각하면 엄마가 육아휴직을 더 길게 사용하는 것이 자연스럽게 여겨진다. 여성은 출산 초기에 몸조리도 해야 하고 모유수유를 위해서라도 육아휴직이 꼭 필요하기 때문이다. 하지만 480일에 이르는 육아휴직 기간을 주 5일로 따져보면 거의 2년에 가까운 시간이다. 엄마 아빠가 각각 1년씩 나누어 쓴다면 몸조리와 모유수유는 실상 큰 문제가 아니다. 육아휴직을 누가 더 오래 사용하는가는 엄마 아빠의 소득 차이와 더 밀접한 관련이 있다. 사회 초년생이 직장에서 지위를 안정적으로 보장받고 일정 수준 이상의 급여를 받을 때까지 출산을 미루는 모습은 통계로 확인되는 사회 현상이다. 육아휴직 수당은 평소 소득의 80%를 넘기지 않는 데다가 수당 신청자의 소득이 일정 수준을 넘기는 경우 최고 상한선으로 지급이 제한되기 때문에 일반적으로 아빠보다 소득이 낮은 엄마가 육아휴직을 더 오래 쓰는 것이다. 실제로 엄마의 소득이 아빠보다 높은 경우 아빠가 더 길게 육아휴직을 쓴다는 사실이 이를 증명한다.[89]

육아에 있어서 엄마와 아빠가 50대 50의 책임을 다하는 날이 과연 올 수 있을까? 답을 알 수는 없지만 스웨덴 사람들은 그런 곳이 올바른 세상이라고 믿는다. 지난 50년간 흔들리지 않았던 스웨덴 사람들의 믿음이 앞으로 50년 더 이어진다면 그날이 오지 않으리라는 보장도 없다.

---

89. Anders Chronholm, Fathers' Experience of Shared Parental Leave in Sweden, 38-2 | 2007: Articuler vie familiale et vie professionnelle: une entrée par les pères

스웨덴에서 아이를 키우는 것은 한국에 비해 좋은 점도 있고 나쁜 점
도 있다. 하지만 스웨덴에서는 적어도 엄마들이 독박육아에 시달리지는
않는다. 육아관련 복지시스템과 친육아환경이 잘 갖추어졌기 때문에 부
모가 함께 육아하는 사회 분위기가 생긴 것인지, 아니면 함께 육아하는
사회 분위기가 육아 복지시스템과 친육아환경을 이끌어 내는 것인지 명
확히 알 길은 없다. 꼭 그 답을 찾아야 할 이유가 없을지도 모른다. 왜냐
하면 이 질문은 마치 닭이 먼저인지 달걀이 먼저인지를 묻는 것과 비슷
하기 때문이다. 정작 중요한 것은 사람들의 인식과 그들이 만들어 놓은
환경은 서로를 촉진하고 발달시킨다는 점을 이해하는 것이다. 스웨덴의
예를 통해 한국 부모들이 좀 더 나은 조건에서 아이를 키울 수 있도록 우
리 모두가 새로운 물결에 동참하기를 바란다.

요새 한국에서 아빠 휴직을 홍보하는 선전물을 종종 볼 수 있다. 한
국의 아빠 육아는 아직 초보 단계에 머물러 있고 실제로 우리 주변에서
육아휴직을 사용하는 아빠는 아직 쉽게 눈에 띄지 않는다. 직장 눈치도
보이고 수입이 줄어드는 것도 걱정이고 경력 단절의 우려도 있다. 하지만

육아를 엄마한테 떠넘기고 본인은 일을 계속하는 것이 본인에게 가장 쉬운 선택이기 때문에 육아휴직을 피하고 있는 것은 아닌지 아빠들은 솔직히 생각해 보아야 한다. 만약 아빠와 엄마가 동일한 조건에서 자유롭게 육아와 일, 둘 중 한 가지를 고를 수 있다면 아빠들은 무엇을 선택할까? 대부분 일을 택하지 않을까? 만약 아빠에게 육아가 직장에 나가는 것보다 더 쉬운 일로 여겨졌다면, 아빠들은 좀 더 절실히 육아휴직을 고민해 보았을 것이다.

경제적 손실이 문제라면 최대 200만 원의 육아수당이 주어지는 3개월 만이라도 육아휴직을 쓸 수 있다. 200만 원이 너무 적은 돈이라면, 출산 전에 미리 저축을 늘려 놓거나 아니면 몇 달 만이라도 생활비를 다소 줄여볼 수도 있다. 그래도 정 안된다면 3개월보다 짧은 기간일지라도 육아휴직을 써서 본인의 육아 참여 의지를 보여줄 수도 있다.

육아휴직 이야기를 입 밖에 꺼냈다가는 당장이라도 사표를 써야 하는 무시무시한 상황에서 어느 누구도 "직장 때려치울 각오하고 육아휴직을 써"라고 할 수는 없다. 하지만 사내 분위기라는 것이 한순간 생겨났다 없어지는 것은 아니다. 아빠 본인도 입사 후 얼마 되지 않아 이 직장에서는 육아휴직을 쓰기 어렵겠다는 것을 진작에 알고 있었을 것이다. 육아에 적극적으로 참여할 의사가 있었다면 일찌감치 이직을 고민할 수도 있었다. 회사 분위기 때문에 어쩔 수 없다는 건 어쩌면 본인이 애초에 주도적으로 육아에 참여할 의사가 없었기 때문에 말하게 되는 핑계일 수 있다. 회사 차원에서도 사원들이 이런 상황을 순순히 받아들인다면 굳이 문제를 개선하려 들지 않을 것이다. 숙련된 사원들이 이직을 고민하고 설령 이직은 아니더라도 꾸준히 이의를 제기해서 결국 직원과 회사 사이의 갈등으로 일이 커진다면, 회사 측에서도 아무런 대책 없이 현재의 상황을 강요할 수만은 없을 것이다.

만약 한 아빠가 30대 중반에 첫 아이를 가졌다면, 앞으로 인생에서 일하게 될 시간은 아무리 짧게 잡아도 15년 이상은 된다. 운동선수와 같은 특수한 직업군을 제외한다면 말이다. 예를 들어 6개월의 육아휴직을 쓴다고 가정하면 15년 중 6개월은 단 3%에 지나지 않는다. 회복이 불가능한 차질을 빚는다고 보기는 어렵다. 복직 후에 보란 듯이 자신의 가치를 입증할 수도 있다. 열심히 일하면 된다는 식의 무책임한 말을 하려는 것이 아니다. 아빠가 육아에 주도적으로 참여하겠다는 의지는 본인의 노력을 포함한다는 것이다.

물론 많은 아빠들이 육아휴직을 쉽게 쓸 수 없는 상황이라는 것은 이해가 된다. 하지만 찬찬히 따져보고 미리부터 계획했다면 육아휴직이 반드시 불가능하지도 않았을 것이다. "남들은 다들 잘하는데 당신은 왜 못해?!" 남편들이 직장 상사에게 듣는 말이지만 정작 본인이 집에서 아내에게 하는 말일 수도 있다. 겉으로는 남녀평등이 옳다고 말하면서 집안에서는 육아와 가사를 아내의 몫으로 여기는 것은 모순이다. 옳지 못한 권력을 붙잡고 있으면 나중에 화가 된다는 것을 우리는 2017년에 촛불혁

명으로 증명했다. 본인이 해야 할 일을 남에게 떠넘길 수 있는 것이 권력이다. 집 안에서 아내가 촛불을 들기 전에 남편은 아내와 공평히 육아를 나눠야 한다. 남녀평등 사회로 가는 길이 바꿀 수 없는 시대적 기류라면 가정 내 육아 민주화는 빠르면 빠를수록 아빠에게 유리하다.

이 모든 걸 고려해보더라도 정말로 육아휴직이 어려우면 어떻게 해야 할까? 그럼 딱 한 달 만이라도 육아휴직을 써 보라고 권하고 싶다. 그까짓 한 달 쓰는 건 아무런 의미가 없다고 단언할 엄마는 아무도 없다. 주도적인 육아 경험을 가지고 있는 것과 없는 것에는 확연한 차이가 있다. 스웨덴 아빠들의 경험을 통해 알 수 있듯이 보조 양육자는 주 양육자의 심정과 고충을 절대로 이해할 수 없다.

아빠육아휴직을 하지 말아야 할 이유를 생각하기보다는 해야 할 이유를 생각해보자. 왜냐하면 아빠육아휴직의 최대 수혜자는 바로 아빠 본인이기 때문이다. 이것이 바로 내가 생각하는 스웨덴 아빠가 육아하는 진짜 이유다.

육아 관련 자료를 찾아보다가 서울시 내에 거주하는 여성의 자살률 통계가 눈길을 끌었다. 한 기사는 서울시 연령별 자살률 통계를 근거로,[90] 여성의 경우 육아가 한창인 35~39세에 자살률이 가장 높은 것은 산후우울증을 겪고 있는 엄마들이 극단적인 선택하기 때문이라고 주장했다.[91] 산후우울증과 자살률의 인과관계를 입증할 근거 자료가 빠진 추측성 주

---

90. 서울열린데이터광장, 서울시 자살률(연령별) 통계, https://data.seoul.go.kr
91. 헤럴드경제, 육아우울증에 30대맘 자살 급증, 2016-01-12

장이긴 하지만, 35~39세 여성들의 자살률이 가장 높다는 것은 충격이었다. 하지만 더 충격적인 사실은 바로 남성들의 자살률이다. 전 연령대에서 여성에 비해 월등히 높았고, 50~54세 남성의 자살률은 35~39세 여성들보다 세 배가량 높았다.

굳이 통계를 뒤져보지 않아도, 회사에서도 가정에서도 설 곳을 잃은 우리 중년 남성들의 애처로운 이야기는 어제오늘 일이 아니다. 지솟는 부동산 가격, 늘어만 가는 자녀의 사교육 부담, 대학 자금, 결혼 자금을 감당하기 위해 죽기 살기로 직장에서 버텨야 했다. 자신을 위해서가 아니라 자녀의 미래를 위해 그렇게 열심히 달렸다지만 주말을 제외한 대부분의 시간을 가정 밖에서 지낸 탓이라 가정 내 자식들과는 서먹서먹하기만 하다. 어느새 자녀들은 성인이 되어 귀엽고 사랑스럽던 어린아이의 모습은 주마등처럼 스쳐 갈 뿐이다. 부모는 자식을 기다려주지 않는다고 하지만 자식 역시 부모를 기다려주지 않는다. 주말이라도 자녀와 함께 시간을 보냈다면 그나마 다행이다. 이 시대의 기러기 아빠들은 주마등 같은 추억조차 없다. 가정 내에서 찬밥인 아버지는 직장 내에서도 찬밥이다. 법률로 명시된 60세 정년을 채운다는 것은 꿈만 같은 이야기다. 40세만 넘어도 퇴직하는 동기들이 하나둘씩 생겨나고, 회사 상부로부터의 압박, 치고 올라오는 후배들의 압박에 눌려 50세까지 버티기도 어렵다고 내쉬는 한숨은 그 끝을 알 수 없다.

회사 일 때문에 아이와 시간 보내기를 뒤로 미루고 있는 아빠들은 우리가 인생에서 진정으로 얻고 싶은 것이 무엇인지를 다시 한번 고민해야 한다. 우리 모두가 사업에 성공해 남보다 더 많은 돈을 모을 수는 없지만, 우리 모두가 행복이란 도구로 인생이란 사업에는 성공할 수 있다. 모두가 아파트 한 채 물려줄 수 있는 돈 많은 아빠가 될 수는 없지만, 아이가 성인이 될 때까지 아이의 곁에서 든든한 버팀목이 되어주는 아빠가 될 수는 있다. 우리가 처음 태어나서 자란 곳도 가정이고, 세상 모진 풍파를 막아준 것도 가정이고, 생의 마지막 눈 감는 날 누울 곳도 가정이다. 가족의 존재를 내 어깨 위에 올려놓으면 그 무게가 나를 짓누르지만, 가족 모두의 어깨를 맞대어 나란히 서면 견고하고 따뜻한 울타리가 된다. 행복한 가정을 인생의 최우선으로 삼는 아빠가 되었으면 한다.

아이의 성공을 위해, 가족의 행복을 위해, 아빠는 무관심해도 좋으니 밖에 나가서 돈이나 많이 벌어오라고 말하는 사람들에게 이제 본때를 보여 주어야 한다. 새 시대의 아빠들은 구시대의 산물인 가부장적인 모습으로 아빠의 존재감을 강요할 것이 아니라 가족과 서로 사랑을 주고받을 수 있는 진짜 아빠의 존재감을 아이가 세상에 태어난 직후부터 차곡차곡 쌓아야 한다. 아빠의 육아가 행복이란 종착역을 향한 첫걸음이 될 수 있다.

아빠휴직을 하지 말아야 할 생각하다 보면 그 이유는 정말 끝없이 나온다. 현실이라는 거대한 벽 앞에서 나 혼자 애써서 할 수 있는 것은 아무것도 없다고 생각할 수도 있다. 아무도 바위에 내던져진 계란이 되고 싶어 하지는 않는다. 하지만 한걸음 뒤로 물러서서 생각해보면 우리 사회는 꾸준히 진일보해오고 있다는 사실을 알 수 있다. 주 6일 근무가 상식이었던 때가 있었고, '국민학교'를 학창시절로 보냈던 우리에게 토요일은 학교 가는 날이었다. 휴가라는 건 여름에 며칠 바캉스를 떠나는 것이었고, 그나마 그것도 항상 허락됐던 것은 아니었다. 연차는 가족 또는 주변의 아주 가까운 지인이 큰 변을 당했을 때나 쓰는 일로 여겨졌다. 조금 더 뒤로 거슬러 올라가 보면, 국가주도 경제 성장이 한창이던 70년대에는 근무시간에 대한 마땅한 개념도 없었다. 심지어 잠 안 오는 주사를 맞아가며 하루 14시간 이상을 일하던 때도 있었다. 지금 들으면 무시무시한 괴담 같은 이야기지만 엄연히 우리 부모님 세대를 관통했던 한국 사회의 단면이다. 옛날에는 더 힘들었으니 이 정도는 버틸만하다는 게 아니다. 과거의 우리가 해냈듯 현재의 우리도 할 수 있다고 말하고 싶은 것이다. 지금이야 현실의 벽이 높아 불가능한 것처럼 보이지만 머지않은 미래에 지금을 돌이켜 보면 지금의 불합리한 모습에 헛웃음을 칠지도 모른다. 어쩌면 그 미래는 우리가 생각하는 것보다 훨씬 더 우리 곁에 가까이 있을지도 모를 일이다. 꿈꾸는 미래를 우리 앞에 끌어오는 건 결국 사람들의 염원과 의지다.

가족과 시간을 보내지 않는 남자는 진정한 남자가 될 수가 없다.

A man who doesn't spend time with his family can never be a real man.

_영화 '대부'(1972) 중, 돈 비토 코를레오네의 대사에서

스웨덴 라떼파파
아빠가 육아하는 진짜 이유

김건 지음

초판 1쇄 발행 _ 2019년 3월 30일

펴낸이 강경미 | **펴낸곳** 꾸리에북스 | **디자인** 앨리스

출판등록 2008년 8월 1일 제313-2008-000125호

주소 121-840 서울 마포구 합정동 성지길 36, 3층

전화 02-336-5032 | **팩스** 02-336-5034

전자우편 courrierbook@naver.com

ISBN 978-89-94682-34-1

이 도서의 국립중앙도서관 출판예정도서목록(CIP)은 서지정보유통지원시스템 홈페이지(http://seoji.nl.go.kr)와
국가자료종합목록시스템(http://www.nl.go.kr/kolisnet)에서 이용하실 수 있습니다.
(CIP제어번호 : CIP2019009124)